银行行业授信方案培训（四）

（土地、房产、交通）

立金银行培训中心　著

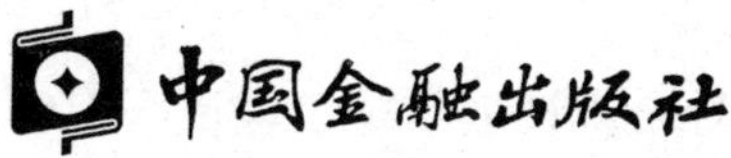

责任编辑：肖丽敏
责任校对：刘　明
责任印制：丁淮宾

图书在版编目（CIP）数据

银行行业授信方案培训（四），（土地、房产、交通）（Yinhang Hangye Shouxin Fang'an Peixun（四））/立金银行培训中心著．—北京：中国金融出版社，2013.6
（立金银行培训系列丛书）
ISBN 978-7-5049-6759-6

Ⅰ.①银…　Ⅱ.①立…　Ⅲ.①商业银行—贷款管理—职工培训—教材　Ⅳ.①F830.56

中国版本图书馆CIP数据核字（2013）第015040号

出版
发行　中国金融出版社
社址　北京市丰台区益泽路2号
市场开发部　(010)63266347，63805472，63439533（传真）
网 上 书 店　http://www.chinafph.com
　　　　　　(010)63286832，63365686（传真）
读者服务部　(010)66070833，62568380
邮编　100071
经销　新华书店
印刷　北京松源印刷有限公司
装订　平阳装订厂
尺寸　169毫米×239毫米
印张　14.25
字数　228千
版次　2013年6月第1版
印次　2013年6月第1次印刷
定价　40.00元
ISBN 978-7-5049-6759-6/F.6319
如出现印装错误本社负责调换　联系电话（010）63263947

客户经理请注意：客户的存款在哪里？

它不在资产负债表中，而在现金流量表中。你要学会制造存款，而非拉存款。

我们帮助你成为优秀的银行客户经理（序）

银行开拓业务，有人脉关系资源固然重要，但是绝对不是没有关系就没法开拓业务了。保证客户经理真正可以安身立命的是银行产品，尤其是对公信贷产品，这点我深信不疑。

我自己就是活生生的例子。我进入银行做客户经理，在北京举目无亲，没有任何关系可资利用，但是我坚信银行产品非常重要，只要熟悉银行业务，满足客户需要，就会有好的业绩，哪个人天生有关系，关系不就是人与人之间的熟悉吗？只要我勤奋一些，不就可以自己给自己找来关系吗？

我很庆幸，在最该干客户经理的时候，我成为了一名优秀的客户经理。在支行的工作经验让我深深理解银行授信产品的意义，银行客户经理营销思路的深刻理解更让我现在如鱼得水。

我进入银行后，第一件事就是翻看本行的领导讲话及印发的所有授信产品制度。研究领导讲话是为了熟悉这家银行的文化，我认为一个客户经理要想在银行生存下去，首先必须融入这个集体，熟悉这个机构的价值观，做人先于做事；熟悉银行的授信产品制度是为了可以尽快开展业务，满足开拓客户需要，为客户带来价值。没有关系可资，要想出人头地，恐怕只有靠业绩说话了。

我现在还记得，我们给北京开关厂提供的银行承兑汇票，当时是本行的第一笔银行承兑汇票，客户提出这个需求时，我们根本不熟悉，于是贸然先接下这个单子，然后赶紧翻看银行的业务制度，一边查看规章制度，一边开银行承兑汇票。虽然开票时间较长，整整用了一下午的时间，但客户还是感觉很满意。当时没有几家银行敢承接这种业务，就是利用这个机会，我们熟悉了票据业务。从此，票据业务的签发量一直居于本行前列。如果当时不是硬着头皮接下这个单子，北京开关厂可能永远都不是我们的客户。

后来，我和北京开关厂的财务总监结成了好友，这就成了我铁打的关系。

千万别以为我们还工作在改革开放前的银行，可以坐在高高的柜台上，客户很谦虚，怯怯生生的，像个小学生似的尊敬你。虽然，我很希望过那样的生活，可惜生不逢时，等我进入银行，发现银行人就像小学生，天天小心翼翼服务着大客户，送钱给人家，还得看人家的脸色，如果你的态度不好，送钱人家都不要。

我总结，授信产品学习应遵循从容易到复杂，从低风险到一般风险的顺序。银行低风险业务非常容易掌握，新客户经理应当首先学习低风险业务产品。

新入行客户经理第一批应该学习的产品是银行承兑汇票，这个非常关键，必须认真学习并争取找机会实际操作一两笔低风险票据业务。

低风险银行承兑汇票产品：全额保证金银行承兑汇票、准全额保证金银行承兑汇票、银行承兑汇票贴现、银行承兑汇票质押贷款。

低风险银行保函产品：全额保证金银行投标保函、全额保证金银行履约保函。低风险中间业务产品为委托贷款。

第二批应该学习的产品：

流动资金贷款—第三方担保人民币贷款、抵押人民币贷款。

票据融资—商业承兑汇票贴现、敞口银行承兑汇票、票据质押签发银行承兑汇票、买方付息票据贴现业务、代理贴现、商业承兑汇票保贴、短变长、长变短、商业承兑汇票变银行承兑汇票、银行承兑汇票捆绑买方付息代理贴现、票据信托等。

第三批应该学习的产品：

新型贷款—备用信用证担保贷款、出口退税账户托管贷款、法人账户透支、工程机械车按揭贷款、集团统一授信、固定资产贷款、项目融资、房地产开发贷款、法人商用房按揭贷款、固定利率贷款。

银行保函—预收（付）款退款保函、工程维修保函、质量保函、关税保付保函、保释金保函、付款保函、租赁保函。

贸易融资—进口信用证、进口押汇、提货担保、打包贷款、出口押汇、国内信用证、远期结汇、远期售汇。

其他融资—融资租赁（飞机、船舶、电信、机械设备）、保理业务、交易资金见证监管、定向增发融资、应收账款质押融资。

信托计划—各类资金信托计划、房地产信托计划、土地信托计划等。

“合作第一，友谊第二”，要坚持这样的原则与客户打交道，偏离这个原则，迟早要失败。毕竟客户与你的友谊是以合作为根本目的的。一个好的银行、一个好的客户经理必须能为客户带来帮助，要让客户感觉到你的价值，认同你的做事方式，敬佩你的敬业精神。成天与客户混在一起，但是在实际业务中却帮不上客户任何忙，解决不了客户最关心的问题，那你投入的时间和精力都是白搭。那些就知道喝大酒维系客户、只知打价格战拉拢的银行迟早会被扫出门外。

银行信贷工作是实践性较强的工作，需要在工作中不断加深理解，领悟信贷的精髓。

经过多年的积累，我可以非常自信地说，我对商业银行的对公授信产品非常熟悉，我是国内第一流的银行对公授信产品经理、国内最优秀的授信产品培训师之一。把我放在哪家银行，只要我熟悉它的信贷业务流程后，很快就能打开局面。

在这个年代，光会喝酒肯定不行，如果不与时俱进，将会被淘汰。

授信是营销客户最主要、最有效、最基础的手段，是银行立行之本，是客户经理立业之源。最近几年，银行开发了多种金融产品，但是大多数都是边缘性的产品，属于搭售范围，可以锦上添花，但不可能作为银行立行的基础工具。

授信产品是银行产品“百花园”中的牡丹，为王中之王，对客户而言是雪中送炭的东西。没有授信产品，其他产品很难销售。不懂得授信产品，客户经理无法立足。

客户经理一定要牢牢把握授信产品这个主线去开拓客户，千万不要迷失在银行纷繁芜杂的产品花园中。

在商业银行产品构成的金字塔中，授信产品是基座，其他产品构成塔身。

我对商业银行产品进行了分类，授信产品最关键，能解决销售人员的基本生活问题，投行、年金等业务属于高端产品，能够提高销售人员的生活质量。

客户经理首先要吃饭，解决马斯洛的需求理论中最低的生理需求，等吃饱了，喝足了，再去想“自我实现需求”。

目　录

第一篇　水泥行业授信方案篇

水泥制造企业一定要营销其保兑仓。水泥制造企业典型的商业模式就是通过经销商销售，银行可以借助保兑仓关联营销水泥制造企业和经销商，从水泥产业链，获得可观的存款回报。要做个会算账的客户经理，哪种方式使用授信回报最大，就按照哪种方式去销售银行的授信产品。

水泥经销商属于非常典型的客户群体，这类客户经常有购置水泥罐车的需求，可以采取对水泥经销商提供固定资产购置贷款，由水泥罐车厂商提供回购担保方式。水泥经销商群体彼此关系密切，适合办理联保融资。

一、水泥行业产业链解读

水泥行业属于银行非常值得深度拓展的行业。水泥经销商上游是混凝土机械供应商、水泥厂和沙石供应商，砼经过搅拌后，销售给下游的施工企业（见图1－1）。水泥经销商经营与当地城市建设投资息息相关，一般一个地区基建项目较多、投资金额巨大，则水泥经销商效益也较好。从事大型的公路、桥梁、房地产、城市基础设施供应水泥的经销商经营规模较大，经营情况有保证。水泥经销商是非常优质的客户群体，现金流量较大，对银行承兑汇票需求量较大。

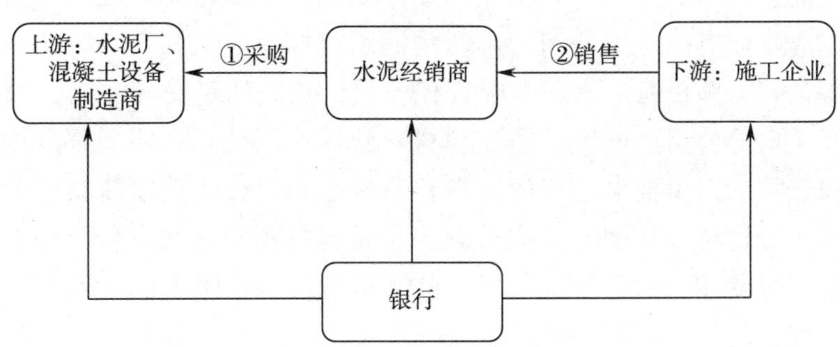

图1－1　水泥行业产业链

二、水泥行业中的重点目标客户

水泥“国家队”名单（国家发展和改革委员会、国土资源部以及中国人民银行联合下发文件明确的60家国家重点支持的企业）

全国性大型水泥企业有12家：

安徽海螺集团有限公司、山东山水水泥集团有限公司、浙江三狮集团有限公司、湖北华新水泥股份有限公司、河北唐山冀东水泥股份有限公司、中国联合水泥有限责任公司、吉林亚泰（集团）股份有限公司、中国材料工业科工集团公司（含天山水泥股份公司）、北京金隅集团有限责任公司（含河北太行集团）、河南天瑞集团公司、红狮控股集团有限公司以及甘肃祁连山水泥集团股份有限公司。

区域性大型水泥企业有47家：

内蒙古乌兰水泥集团有限公司、内蒙古蒙西高新材料股份有限公司、河北鹿泉东方鼎新水泥有限公司、山西太原狮头水泥股份有限公司、辽宁工源水泥（集团）有限责任公司、黑龙江佳木斯鸿基集团有限公司、江苏盘固水泥集团有限公司、江苏金峰水泥集团有限公司、浙江虎山集团有限公司、浙江水泥有限公司、安徽铜陵上峰水泥股份有限公司、福建水泥股份有限公司、江西万年青水泥股份有限公司、江西亚东水泥股份有限公司、江西兰丰水泥集团、山东金鲁城有限公司、山东沂州水泥集团总公司、河南孟电集团水泥公司、湖北京兰水泥集团、湖南兆山新星集团、广东塔牌集团有限公司、广东广州越秀水泥集团有限公司、广西华润水泥控股有限公司、广西鱼峰水泥控股有限公司、国投海南水泥有限责任公司、拉法基瑞安（北京）技术服务有限公司重庆分公司、重庆科华（建材）集团有限公司、四川都江堰拉法基水泥有限公司、四川金顶（集团）股份有限公司、云南瑞安建材投资有限公司、陕西声威建材（集团）有限公司、宁夏建材集团有限责任公司、新疆青松建材化工（集团）股份有限公司、上海建筑材料集团水泥有限公司（含上海联合水泥公司）、浙江红火实业集团有限公司、山东烟台东源水泥有限公司、江苏恒来建材股份有限公司、福建龙麟集团有限公司、山东泰山水泥集团有限公司、吉林辽源金刚水泥（集团）有限公司、云南昆钢嘉华水泥建材有限公司、浙江尖峰集团股份有限公司、河南省同力水泥集团、江苏省嘉新

京阳水泥有限公司、湖南韶峰水泥集团、葛洲坝股份有限公司水泥厂、大连水泥集团有限公司。

三、水泥搅拌车生产企业

泵车市场总量保持快速增长态势，国内泵车市场销售量前三位是：三一重工股份有限公司、中联重科股份有限公司、普次迈斯特有限公司。

混凝土搅拌运输车和散装水泥企业有：唐山亚特专用汽车有限公司。

四、水泥行业特点

水泥行业属建材行业，建材行业资金流量极大。

水泥企业属于典型的“N + 1 + N”的行业，上游配料供应商和下游的水泥经销商属于中小企业，而处于中间位置的水泥生产企业属于大型企业，决定着整个行业的运营规则。银行营销原则：

1. 可以对水泥生产企业积极营销保兑仓业务，形成资金的抽水机效应，大量的银行承兑汇票源源不断地从经销商处向核心厂商处汇集，聚集大量的存款沉淀。

2. 针对一些实力偏弱的中小水泥生产企业，可以营销动产融资业务，以水泥生产需要的煤炭作为质押，银行提供银行承兑汇票。

【案例1】　水泥企业用煤炭作货押融资方案

一、企业基本情况

1. 成都金轩水泥有限公司

成都金轩水泥有限公司是成都金轩控股集团公司旗下具有独立法人资格的企业。工厂占地400余亩，年资产总规模8.72亿元，总负债3.68亿元，销售收入5亿元，实现利润4893万元。生料均化库采用天津院开发的TP－1型多股流式生料均化库，它集生料储存、均化与喂料于一体，具有投资省、均化效果好（出库生料CaO标准偏差可控制在±0.20%）、占地小、电耗低（相当于混合式均化库的48%左右）、系统简单、易于管理等特点。

2. 成都润业环保建材股份有限公司

成都润业环保建材股份有限公司前身为成都润业水泥有限公司，主营干法旋

窑水泥生产。企业现有员工近600余人，占地654亩，其中水泥厂区位于成都长寿晏家工业园区G1区，占地370亩，江南新城粉磨站284亩。公司资产总规模11.3亿元，总负债7.65亿元，销售收入3.6亿元，实现利润2 214万元。

二、质押物介绍

银行拟将生产资料原煤和洗煤作为质押物。原煤是指从地上或地下采掘出的毛煤经筛选加工去掉矸石、黄铁矿等后的煤。煤矿生产出来的未经洗选、未经加工的毛煤也叫原煤。原煤经过一定的加工处理后可以成为商品化的煤炭。煤炭根据用途不同，可以分为两大类：动力煤和炼焦煤。凡是以发电、机车推进、锅炉燃烧等为目的，产生动力而使用的煤炭都属于动力用煤，简称动力煤。原煤最终大部分是用做动力煤。原煤送入洗煤厂，经过洗煤，除去煤炭中矸石，变成精煤。原煤和精煤呈固体块/粉状、性质稳定、无须包装，能长时间露天存放，不会有变质等情况的发生。原煤和洗煤根据发热量、水分、含硫量、挥发成分的不同，价格有所差异，但洗煤的价格比原煤高100元/吨左右。银行仅以原煤的价格为质押物定价，同时要求客户在每次出质时，提供质押物的分析报告单。由于是动态质押，因此货押中心在每月查库时，也将抽查质押物的分析报告单。

三、银行提供的授信方案

银行提供的授信方案见表1－1。

表1－1　授信方案

申请人名称	××水泥公司	操作模式	现货质押
质押物	烟煤、无烟煤（不低于5 300大卡）	货权形式	动产
监管机构	中储发展股份有限公司	监管模式	动态
交货地点		交货期限	
监管地点	借款人厂区内	赎货期	150天
仓库性质	属提供人	授信品种	银行承兑汇票、供应链融资
监管方式	输出监管	建议质押率	70%
盯市依据	中华商务网	建议保证金率	以授信批复为准
出质价格	以发票价格与市场价格较低者为准	跌价警戒线	10%
		建议平仓线	20%
保险要求		质检要求	出质时质检，不定期抽检
具体用途	限用于向供货商支付货款		

【点评】

水泥生产企业属于重点客户，水泥生产企业存有大量的煤炭资源，这类煤炭非常适合办理货押融资。水泥生产企业忌讳直接提供流动资金贷款，因此应当考虑提供供应链融资，关联营销上下游企业。

【案例2】　邯郸纪洪水泥股份有限公司保兑仓融资方案

一、企业基本情况

邯郸纪洪水泥股份有限公司是中国北方最大的水泥生产商和供应商，注册资金12亿元。该公司主营业务为生产水泥、干粉砂浆、水泥外加剂、水泥助磨剂等新型建筑材料。该公司第一条日产4 000吨水泥熟料生产线是国家“六五”重点工程，全套设备从日本引进，是国内第一条现代化新型干法水泥生产线；第二条生产线为国家“八五”十二条龙科技攻关项目。

二、银行提供的授信方案

（一）三方保兑仓流程

三方保兑仓业务流程见图1－2。

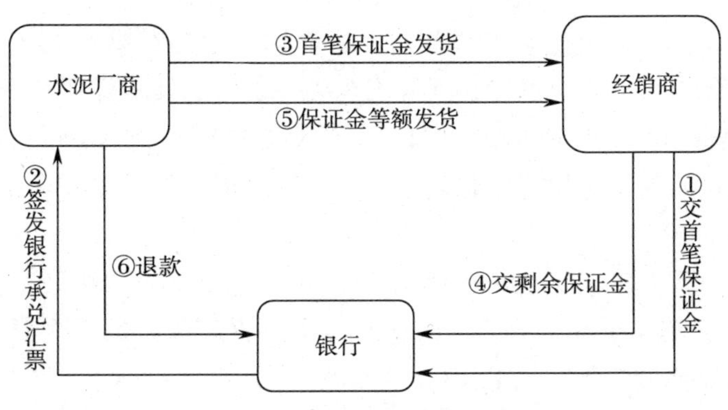

图1－2　三方保兑仓流程图

（二）保兑仓业务方案

1. 业务介绍

水泥保兑仓业务，是以银行信用为载体，以银行承兑汇票为结算工具，按照水泥供应商、银行、水泥下游买方三方协议约定，银行为下游买方签发银行承兑汇票，由银行控制货权，水泥供应商提供退款担保，下游买方经销商将销售资金及时补充保证金，直至保证金余额达到银行承兑汇票金额，如此滚动操作，专项用于下游买方向水泥供应商支付货款的链式融资网络。

参与方具体为：邯郸纪洪水泥股份有限公司、银行、纪洪水泥认可的下游企业（经销商）。

开票保证金比例：最低保证金比例为10%，开票保证金可用于提货。

业务模式：三方保兑仓。

回购方式：拟提供3亿元回购担保额度，纪洪水泥对于银行承兑汇票到期时未封闭敞口部分履行退款责任。

额度管理方式：纪洪水泥提供退款担保，业务模式为三方保兑仓模式，银行提供单一额度管理模式。

2. 业务操作流程

（1）纪洪水泥、银行、下游买方签订银行保兑仓业务三方协议；

（2）银行在纪洪水泥推荐额度内为下游买方核定额度，回购担保额度与下游买方授信敞口部分一致；

（3）下游买方存入不少于10%的保证金，开具6个月的银行承兑汇票；

（4）下游买方需将资金存入赎货保证金账户用于提货，经银行确认到账后，由银行出具加盖银行预留印鉴的发货通知书通知纪洪水泥按协议约定放货，纪洪水泥以银行出具的发货通知书为唯一认可的发货凭证；

（5）银行承兑汇票到期前10日，下游买方提货金额不足银行承兑汇票金额的，由纪洪水泥补足银行未封闭敞口部分，将退款打入银行指定账户。

3. 其他约定

开立银行承兑汇票保证金比例为10%，前3个月回款达到银行承兑汇票金额的50%，第4个月达到银行承兑汇票金额的75%，第5个月末，确保银行承兑汇票保证金比例达到100%。

三、风险控制与防范

（1）银行承兑汇票到期前10日，如银行授信敞口未全额封闭，纪洪水泥

承担退款责任，退款金额为银行承兑汇票金额扣除卖方依据银行发货通知放货款项后应追加的保证金部分；

（2）选择实力较强、信誉良好、与纪洪水泥合作关系稳定的下游买方，下游买方需由纪洪水泥推荐；

（3）银行对下游买方的授信总敞口不得超过纪洪水泥的回购担保额度；

（4）银行承兑汇票需载明纪洪水泥为收款人，确保贸易背景真实性；

（5）银行承兑汇票及发货通知书等重要单据的传递需各方专人负责，并预留印鉴核对。

四、买方客户范围

纪洪水泥出于提高业务受理效率、方便银企票据交接及沟通便利等考虑，要求所有买方到银行办理三方保兑仓项下银行承兑汇票业务，对买方客户注册地不予限制。首批拟开展保兑仓业务的下游客户均为北京市注册企业，名单如下：北京纪洪海强混凝土有限公司、北京城乡混凝土有限公司、北京空港通和混凝土有限公司、北京中建宏福混凝土有限公司。

五、收益测算

此次授信拟提供纪洪水泥3亿元回购担保额度，用于其下游买方开立180天银行承兑汇票，预计额度使用充分将拉动日均存款1.2亿元。

【案例3】　郑州市锦江水泥有限公司订单融资方案

一、企业基本情况

郑州市锦江水泥有限公司注册资金15 000万元，拥有一条5 000吨/天新型干法水泥熟料、辊压型水泥粉磨生产线和配套余热发电系统。该生产线是许昌市的第一条新型干法水泥熟料生产线，年可生产优质水泥熟料180万吨。

公司资产总计5.88亿元，资产负债率为64.84%，没有短期借款，短期偿债压力较小；长期借款27 266万元，期限为2007年7月15日至2012年7月15日；实现主营业务收入41 399万元，利润总额5 042万元，净利润3 781万元。

二、银行提供的授信方案

（一）标准流程

银行根据郑州市锦江水泥有限公司中标、供货及结算货款流程的情况，结合郑州市锦江水泥有限公司与中铁四局石武客专河南段项目部签订的水泥

购销合同的约定，提出了订单融资授信方案，其标准流程见图1－3。该方案中，银行给予锦江水泥公司银行承兑汇票额度3 000万元（50%保证金），期限一年，用于执行以京广铁路客运专线河南有限责任公司为受托付款人的石武客专河南段项目水泥供货合同，承兑汇票可用于购买原材料和支付电费，累计开立承兑汇票的敞口不超过中标总金额，单笔承兑敞口不超过尚未供应的中标水泥金额。要求锦江水泥在某银行开立资金监管账户，保证某银行承兑汇票在到期日之前将足额资金汇入该监管账户，并以此作为银行承兑汇票剩余敞口部分的保证金，且委托某银行随时转保证金账户，确保到期支付。该账户为提供人与中铁四局石武客专河南段项目部签订的水泥购销合中的唯一收款账户，并取得京广铁路客运专线河南有限责任公司的货款结算支付部门——计划财务部盖章确认文件，未经某银行同意提供人不能随意变更收款行及账户。

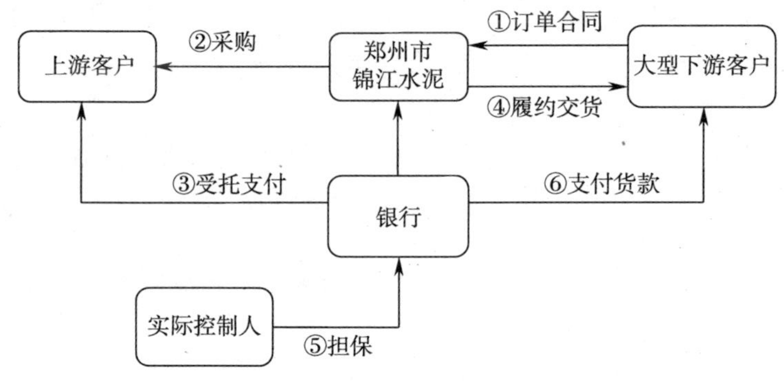

图1－3　标准流程图

（二）授信风险控制分析

1. 石武客运专线为国家重点建设项目，属于政府为投资主体的项目，贷款投向符合某银行信贷政策。其授信属于银行择优支持国家干线铁路、客运专线的授信。

2. 借款人在某银行开立资金监管账户，作为借款人与买方（招标方）中铁四局石武客专河南段项目部工地材料厂在签订的石武四（2008）swsn054水泥购销合同中的唯一收款账户，并取得该合同项下所产生的全部应收账款的受托付款人京广铁路客运专线河南有限责任公司的货款结算支付部门——计划财务部盖章确认，未经某银行同意，买卖双方和京广铁路客运专线河南有

限责任公司（计划财务部）均不能随意变更收款行及账户，以确保货款回入某银行，资金封闭运行，第一还款来源稳定。

3. 借款人股东天瑞集团有限公司承担连带责任保证。其母公司管理规范，规模优势突出，整体经营状况较好，股东背景良好。

【点评】

1. 通过票据业务为锦江水泥减少贷款利息支出，密切银企关系，扩大双方合作范围。

2. 通过该模式的操作，可以扩大某银行与天瑞集团的合作范围，为某银行争取其子公司的专户在某银行开立奠定授信基础，实现某银行与该集团关联客户的深度合作，增加新客户业务增长点。进一步增加派生存款，同时也解决了某银行授信额度瓶颈带来的业务发展停滞问题。天瑞集团锦江水泥、卫辉水泥公司、汝州水泥公司在某银行签发票据 1.7 亿元，均在某银行开立结算账户，预计存款达 2 亿元，某银行也获得较高的中间业务收益。

小型水泥制造企业和经销企业不属于银行支持的范围，但是如果可以捆绑一些银行支持的重点企业的信用，以订单融资的方式提供融资，在企业获得订单的金额范围内，银行提供融资，实行一单订单一笔融资，可以有效规避行业风险。

【案例 4】　江水市建昌元大混凝土有限公司（水泥经销商）融资方案

一、企业基本情况

江水市建昌元大混凝土有限公司注册资金 300 万元，公司类型为有限责任公司，经营范围：混凝土管件、混凝土预制板、预拌混凝土产品生产及销售，项目总投资 1 300 万元。江水市建昌元大混凝土有限公司（乙方）与江水市文湖旅游开发有限公司（甲方）签订了商品混凝土供应合同，经双方协商，由乙方供应给甲方硬注硬化及文庙建设工程所需的商品混凝土。商品混凝土供应总量约 10 万吨，以实际供应的混凝土方量办理结算，合同价格：C20 245 元/

立方米，付款方式：甲方在混凝土浇灌结束后支付全部工程量混凝土总金额的80%，20%尾款在混凝土 R28 天强度报告显示符合计划要求强度后 10 天内付清。该笔合同的总价款为 2 450 万元，能给该公司创造较高的利润。

江水市建昌元大混凝土有限公司为了扩大产能，准备向长沙中联重工科技发展股份有限公司购买水泥罐车一台。长沙中联重工科技发展股份有限公司为国内知名的水泥罐车生产企业，实力较强。

二、银行提供的授信方案

银行根据以上对该企业的分析情况，提出了具体的授信方案（见表 1－2），其标准流程见图 1－4。

表 1－2　授信方案

江水市建昌元大混凝土有限公司						
额度类型	内部授信额度		授信方式	单笔单批额度		
授信额度（万元）	162.00		授信期限（月）	24		
授信品种	币种	金额（万元）	保证金比例（%）	期限（月）	利/费率（%）	是否循环
法人客户其他按揭贷款	人民币	162.00	10.00	24	按规定	
贷款性质	新增	本次授信敞口（万元）		162.00	授信总敞口（万元）	162.00
担保方式及内容	保证人：长沙中联重工科技发展股份有限公司；保证人：×××；抵押物名称：混凝土搅拌车					
20% 首付款证明，10% 保证金到位，购买以银行为第一受益人的保险						

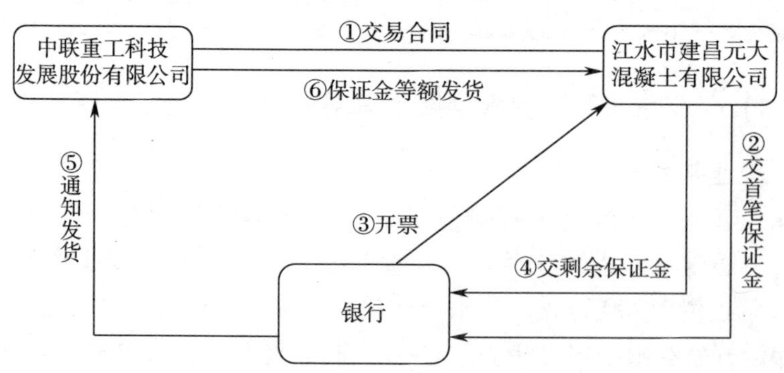

图 1－4　融资方案标准流程

银行根据情况，又追加借款人的法定代表人作为保证人，承担无限连带保证责任，可以较好地防范其道德风险。

此次授信用途具体明确，即购买长沙中联重工科技发展股份有限公司的混凝土搅拌车一台，且授信品种与授信用途和付款方式相对应。

回购担保人中联重科公司主营业务经营业绩良好，上升趋势较为明显。该公司各项业务都逐步进入了良性健康的发展阶段，整体现金流量结构稳定，主要流动性比率良好，流动性资产和负债的安排比较合理，经营性现金流量充足，具备较强的回购担保能力。

【点评】

水泥经销商属于非常典型的客户群体，这类客户经常有购置水泥罐车的需求，可以采取对水泥经销商提供固定资产购置贷款，由水泥罐车厂商提供回购担保方式。水泥经销商群体彼此关系密切，同样可以适合办理联保融资。大型水泥经销商一般都有大型施工企业的背景。

【案例5】　保定亚云专用汽车有限公司整体授信方案

一、企业基本情况

保定亚云专用汽车有限公司注册资金6 980万元，是保定专用汽车制造有限公司与保定齿轮集团有限公司共同出资组建的大型专用汽车生产企业，是国家准许民用改装车生产企业。保定亚云购买了破产后的原保定汽车制造厂土地和厂房，并在此基础上依据专用汽车生产工艺要求进行改造，总投资9 800万元，此项目被列为省市级重点发展项目。

保定专用汽车集团有限公司投资4 188万元，占股本金的60%；保定齿轮集团有限公司出资2 792万元，占股本金的40%。保定亚云主要生产混凝土搅拌运输车、散装水泥运输车、半挂车、厢式车、油罐车、垃圾车、自卸车等，是河北省混凝土搅拌运输车和散装水泥车最大的生产企业。

保定亚云主要产品介绍：

1. 混凝土搅拌运输车

搅拌筒结构设计先进合理，集国内外不同品牌搅拌车筒体设计之优点于一体。筒体分三个区段，呈梨形，实行优化和先进的计算机辅助设计手段，选用优质耐磨的16Mn钢板。

2. 散装水泥车

散装水泥车有前部锥体式和圆筒式。缸体具有合理的曲面形状，在送料时具有足够的水泥悬浮能力，有效装载系数极高。

该企业上游供应渠道及下游销售渠道的分析状况见表1－3。

表1－3　产业链渠道分析

供应渠道分析			
序号	前三名供应商（按金额大小排名）	金额（万元）	占全部采购比率（%）
1	济南重汽	20 800	
2	一汽专用汽车厂	6 600	
3	二汽	6 250	
保定亚云主要供货商均为国内大型制造企业和贸易商，与其合作稳定、关系良好。保定亚云生产用原材料主要包括汽车底盘、钢材、轮胎、大套配件。汽车底盘的供应商主要有济南重汽、二汽、一汽专用汽车厂以及北京福田汽车厂。钢材的供应商主要为保定钢铁公司；配套件供应商主要包括陕西中大机械集团有限责任公司、上海博世力士乐公司、北京伟江源贸易公司			
销售渠道分析			
序号	前三名销售商（按金额大小排名）	金额（万元）	占全部销售比率（%）
1	保定冀东汽贸有限公司	4 561	8.2
2	北京中冀汽贸有限公司	1 520	2.7
3	石家庄河北汽贸有限公司	1 064	1.9
保定亚云的销售方式采取厂家直销、代理商代理销售、异地建办事处销售等几种方式。客户付款方式大部分为全款提车			

二、银行提供的授信方案

银行为保定亚云专用汽车有限公司提供1亿元授信额度，全部为工程机械按揭回购担保额度，用于客户提供亚云重工品牌工程机械按揭时的回购担保，以便于银行能对整个按揭规模进行控制并适当降低贷款风险。此授信期限一年，可串用法人按揭担保额度。由于该企业正在办理增资手续，注册资金尚未达到1亿元，保证金比例按照20%执行（见表1－4）。

由保定亚云公司对每笔贷款开具回购担保承诺函，在协议中明确：在1亿元的额度范围内，保定亚云公司无条件认可其开具回购承诺函，在满足回购条件时，对任意一份回购担保承诺函进行回购。银行对于该公司车辆提供不超过七成按揭贷款，贷款最长时限2年。办理工程机械按揭贷款公司办事处由亚云公司指定，共用1亿元担保额度。所有办理按揭办事处均需与经办行签订工程机械按揭贷款从属协议。该公司办理工程机械按揭贷款的车辆均需上牌照，并办理抵押登记、公证，所购车辆须上盗抢险、车损险和第三者责任险。

由于企业销售采用厂家直销和经销商代理销售相结合的模式，具体的授信操作流程初步设计如下。

（一）经销商代理销售项下

1. 由客户向经销商提出贷款的申请，经销商进行初审，对审核通过的客户，按照银行的要求，告知需要提供的材料，并草签购车协议。

2. 客户按照银行要求提供借款所需材料，由银行负责进行放款前审查，对于审查获得通过的，同时通知客户和经销商。

3. 由经销商向亚云公司申请开具回购承诺函。同时经销商开立经销商回购承诺函。

4. 亚云公司开具承诺函后，提交银行确认。银行确认后，保留原件，在复印件上加盖银行确认章后传真至银行。

5. 银行接到银行加盖确认章的承诺函传真件以及经销商承诺函原件后办理放款手续。

（二）厂家直销模式

1. 由客户向所在地亚云公司分支机构提出贷款的申请，亚云公司进行初审，对审核通过的客户，按照银行的要求，告知需要提供的材料，并草签购车协议。

2. 客户按照银行要求提供借款所需材料，由银行负责进行放款前审查，对于审查获得通过的，同时通知亚云公司和客户。

3. 亚云公司开具回购承诺函。

4. 亚云公司开具承诺函后，提交银行确认，银行确认后，保留原件，在复印件上加盖银行确认章后传真至银行。

5. 银行接到银行加盖确认章的承诺函传真件以后办理放款手续。

表1－4　授信方案

<table>
<tr><td>额度类型</td><td colspan="2">公开授信额度</td><td>授信方式</td><td colspan="3">综合授信额度</td></tr>
<tr><td>授信额度（万元）</td><td colspan="2">10 000.00</td><td>授信期限（月）</td><td colspan="3">12</td></tr>
<tr><td>授信品种</td><td>币种</td><td>金额（万元）</td><td>保证金比例（%）</td><td>期限（月）</td><td>利/费率（%）</td><td>是否循环</td></tr>
<tr><td>工程机械按揭贷款全程通回购担保</td><td>人民币</td><td>10 000.00</td><td>20.00</td><td>12</td><td>按银行规定执行</td><td>是</td></tr>
<tr><td>贷款性质</td><td>新增</td><td colspan="2">本次授信敞口（万元）</td><td>8 000.00</td><td>授信总敞口（万元）</td><td>8 000.00</td></tr>
<tr><td>担保方式及内容</td><td colspan="6">信用</td></tr>
</table>

【点评】

水泥罐车制造企业属于大型企业，有销售的压力，银行可以采取提供按揭贷款的方式与其合作，由水泥罐车制造企业提供回购担保，银行对购买水泥罐车的终端客户提供担保。银行将水泥罐车生产企业作为渠道类客户群体，由其推荐买方，银行对买方提供贷款。

第二篇　施工企业授信方案篇

施工企业属于银行的理想授信对象群体。对施工企业应当考虑提供间接授信额度，尽量减少直接投放授信。中国施工企业典型的运作模式为，业主单位将工程总包给施工企业，包工、包料。有大量的配套企业伴生在大型施工企业周围，包括钢材供应商、水泥经销商、砂石供应商等，如同一条鲨鱼的周围，伴随着众多的小鱼小虾。银行对施工企业授信，应当通盘考虑施工企业和施工的配套企业。既然施工企业融资就是向配套的企业付款，银行可以将施工企业的融资前移，由施工企业提供担保，对配套企业进行融资。

【案例1】　中建二局集团物流有限公司融资授信方案

一、企业基本情况

中建二局集团物流有限公司注册资金10 000万元，归属集团中国建筑二局（集团）有限公司，主要股东为中国建筑二局（集团）有限公司，主营业务：铁路整车货物到发、装卸、运输、仓储，特许经营项目：销售硫酸、硝酸、纯碱、烧碱。

中建二局集团物流有限公司（以下简称提供人）是中国建筑二局（集团）有限公司（以下简称中建二局集团）的全资下属子公司。

现承接供应任务的工程有：北京中国纪检监察学院、清华百年讲堂、法官学院、锦城昆泰大厦、北大国际医院、泓善家园、协和医院、银河SOHO，天津京唐大厦、大悦城、高银地产、嘉里中心、天津津塔、天狮研发中心，沧州天城郡府，内蒙古鄂尔多旗国泰广场、新能源科技、文化艺术中心以及太原万国城等。

中建二局集团物流有限公司上下游客户情况及其自身的财务状况分别见表2－1～表2－3。

表2－1　上游客户情况　　　单位：万元

上游客户	供应产品	合作年限	结算方式	平均账期	区域	近3年交易额		
						2010年	2011年	2012年
北京融拓源科技发展有限公司	螺纹钢、线材	3年	支票、网银	1～2个月	北京	233	1 600	5 300

续表

上游客户	供应产品	合作年限	结算方式	平均账期	区域	近3年交易额		
						2010年	2011年	2012年
中智创研信息技术（北京）有限公司	螺纹钢、线材	3年	支票、网银	1~2个月	北京	28 700	1 700	5 200
北京三江水贸易有限责任公司	螺纹钢、线材	2年	支票、网银	1~2个月	北京		234	1 220
合计						28 933	3 534	11 720

表2-2　下游客户情况　　单位：万元

下游客户	销售产品	合作年限	结算方式	平均账期	区域	近3年交易额		
						2010年	2011年	2012年
中建八局	钢材	长期	支票、银行承兑汇票	3个月	北京、天津	9 602.05	21 051.51	
二局建设发展	钢材	长期	支票、银行承兑汇票	45天	北京	3 012.79	31 001.13	
二局三公司	钢材	长期	支票、银行承兑汇票	5天	北京	3 867.77	24 692.59	
合计						16 482.61	76 745.23	

表2-3　财务情况　　单位：万元

年度		××××年	××××年	××××年	当期	评论
资产、负债和所有者权益	总资产	27 424	38 594	61 304		资产规模快速增长，固定资产较少，主要资产集中在流动资产中，占总资产的92%，其中应收账款占总资产的59%。资产负债率在70%左右，在同行业中处于较好水平；银行借款较少，年末预收余额1.7亿元，较往年有较大增加，主要原因是公司根据经营计划扩大销售规模所致；所有负债均为流动负债，整体资产情况良好
	其中，货币资金	1 600	986	530		
	应收账款	12 166	20 188	36 635		
	预付账款	3 939	10 102	11 416		
	其他应收款	289	389	680		
	存货	3 562	1 935	5 112		
	流动资产	21 558	33 902	56 727		
	长期投资	0	0	0		
	固定资产	73	93	91		
	总负债	21 539	20 675	43 307		
	其中，流动负债	21 539	20 675	43 307		

续表

年度		××××年	××××年	××××年	当期	评论
资产、负债和所有者权益	短期借款	3 000	0	7 762		
	长期借款	0	0	0		
	应付票据	0	0	2 000		
	应付账款	734	520	6 027		
	预收账款	6 684	8 731	17 753		
	其他应付款	11 425	9 227	9 226		
	所有者权益	5 885	17 918	17 996		
盈利能力	销售收入	26 996	64 540	14 1051		企业销售收入快速增长，根据企业经营计划，本年度增幅仍保持在100%以上，成长性较好；企业利润受宏观经济影响较大，近年来出现波动；净利润较上年减少，主要原因为上年处置遗留房产营业外收入增加3 046万元
	销售成长率（%）	56.71	139.07	118.55		
	销售毛利润率（%）	0.66	10.59	4.01		
	营业利润率（%）	-1.73	9.19	3.24		
	利润总额	174	7 421	1 353		
	净利润	165	5 561	1 006		
营运能力	应收账款周转天数	109.12	90.24	72.52		应收账款周转天数逐渐下降，表现出企业应收账款周转能力加强；存货周转率不断加快，表现出企业销售能力较强；应付账款周转天数增加，说明企业对上游议价能力增强或付款管理能力增强。整体经营能力较好
	存货周转天数	23.92	17.15	9.37		
	应付账款周转天数	8.83	3.97	9.88		
	一般经营循环周期					
现金流量	经营活动净现金流	1 463	-7 752	-4 670		公司整体经营规划是扩大销售，快速扩张市场规模，加之集团对公司资金支持力度加大，导致经营现金流为负数；总体现金流情况正常，根据企业经营计划，本年度将有100%以上增幅，本年度现金情况预期较好
	投资活动净现金流	-55	4 533	-19		
	筹资活动净现金流	-86	2 605	4 234		

续表

年度		××××年	××××年	××××年	当期	评论
偿债能力	流动比率（%）	1.00	1.64	1.31		资产流动性较好，资产负债率尚可，在同行业内保持较好水平，且负债中银行借款等刚性负债较少（7 762万元，占比 18%），其他均为商业信用占用，其中预收账款占全部负债的41%，企业负债压力实际较小
	速动比率（%）	1.55	1.19	1.19		
	资产负债率（%）	78.54	53.57	70.64		
	利息保障倍数	1.27	9.18	2.25		
	或有负债	—	—	—		

二、银行提供的授信方案

（一）整体授信方案

提供授信金额及种类：3 亿元人民币。

授信品种：短期流动资金贷款、银行承兑汇票、国内信用证。

本授信业务是以开发核心企业（提供人）上游供应商为目标的批量开发方案，提供人提供了合作上游供应商名单和基本情况表。经调查，提供人与上游供应商的合作方式为：每年与供应商签订合同（框架协议），对全年交易量进行大致约定。具体业务中由提供人单笔向供应商发订单，供应商接单后代提供人向一级经销商或钢厂进行采购，结算方式一般为全额预付；货物直接发往提供人指定地点，到货后提供人进行验收入库；供应商定期与提供人对账，一般结算周期为 3～4 个月不等。

上述情况可以看到，供应商承受较大垫付资金压力。经与提供人沟通，提供人可以就其与上游供应商交易业务所产生的应收账款出具应收账款转让债务人确认通知书，因此，本业务设计方案如下：

1. 给予提供人综合授信额度 3 亿元（交易融资额度），提供人不得自用，全部额度用于批量开发上游钢材供应商采购钢材使用，供应商名单由提供人提供，业务品种为短期流动资金贷款、银行承兑汇票；

2. 批量审批供应商授信，额度分配按相关规定制定具体标准；

3. 获批供应商与银行签订相关合同并在银行开立监管账户，要求与提供人交易合同约定结算账户为银行账户，提款需提供人出具应收账款转让债务人确认通知书，银行在人民银行登记系统进行应收账款质押登记；

4. 应收账款回款后银行应将回款转入银行对应保证金账户。

（二）具体操作流程

该授信方案适用于商业承兑汇票保贴支付、1 + N 保理支付，其具体流程如图 2 - 1 所示。

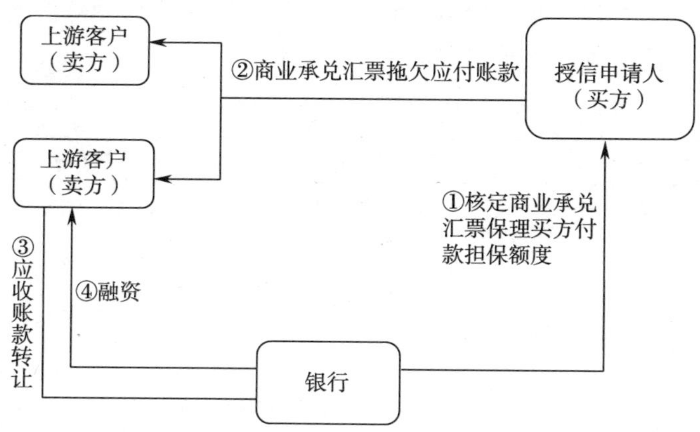

图 2 - 1　中建二局集团物流有限公司融资授信操作流程

该授信业务是银行为上游供应商同提供人之间的应收账款提供的应收账款类交易链融资业务。业务具体操作流程如下。

1. 批量授信

给予提供人交易融资额度人民币 3 亿元，用于批量开发上游钢材供应商采购钢材使用，供应商名单由提供人提供，业务品种为短期流动资金贷款、银行承兑汇票。

2. 供应商准入

银行对供应商进行资质审核，并综合考虑提供人对供应商的内部评价以及账期、信用额度、合作时间等因素确定其准入资格。通过银行准入标准的供应商单独上报分行审批授信额度。

3. 供应商准入标准如下

（1）借款主体为与提供人合作经销 1 年以上的钢材经销商，经提供人审核认定并出具推荐函。

（2）持有人民银行核发的贷款卡并通过年检，无不良信用记录。

（3）受信人及其股东方、实际控制人无不良嗜好，无刑事处罚记录和无不良信用记录。

（4）公司成立两年（含两年）以上或实际控制人从事与钢材行业相关的

行业背景五年（含五年）以上。

（5）资产规模：年注册资金在1 000万元（含）以下的交易商，首次授信不超过3 000万元，续授信不超过5 000万元；注册资金在1 000万元以上的交易商，首次授信不超过5 000万元，续授信不超过10 000万元。

（6）单户授信额度核定标准见表2－4。

表2－4　单户授信额度核定标准　　单位：万元

净资产规模	上年销售收入	授信敞口额度上限
1 000～2 000	10 000～20 000	2 000
2 001～3 000	20 000～30 000	3 000
3 000以上	30 000以上	5 000

3. 融资流程

（1）银行授信审批通过的供应商，需与银行签订综合授信合同，合同需约定具体业务合同项下的货款必须回笼到供应商在银行开立的回款账户。

（2）供应商提款时需提供具体业务的基础商务合同，银行在人民银行登记系统进行应收账款质押登记。

（3）供应商与银行签订借款合同（对应流动资金贷款）或开立银行承兑汇票协议（对应银行承兑汇票）。

（4）提供人需签署应收账款转让确认书并送还回执，明确已知晓供应商对其的应收账款已转让给银行。

（5）融资资金划付至银行监管账户中，受托支付给一级经销商或钢厂；银行承兑汇票收款人需为一级经销商或钢厂。

4. 回款流程

（1）提供人按约定时间将应付账款与供应商进行结算，要求结算账户为授信供应商对提供人企业的唯一回款账户。

（2）划付至回款账户的结算资金，银行需进行转保证金操作，对应到期借款或票据，转保证金操作后可释放对应的单笔额度。

（3）供应商可在额度内循环使用。

5. 风险控制手段

（1）准入的供应商为提供人所提供，合作方均为较为信任的企业。

（2）提供人签署应收账款转让确认书并送还回执，明确已知晓供应商对其的应收账款已转让给银行，保证应收账款转让的合规性。

（3）授信供应商与提供人交易合同约定结算账户为银行监管账户，银行监管使用资金。

（4）在人民银行登记系统进行应收账款质押登记。

（5）银行对合格应收账款的融资比例不超过80%。

（三）额度测算依据

额度测算参考以下公式：

授信额度≤核心企业最近一年度销售收入×（1+预计销售收入增长率）×（1－自有资金比例或保证金比例）/（360/应收账款周转次数）+核心企业最近一年度采购成本×（1+预计采购成本增长率）×（1－自有资金比例或保证金比例）/（360/应付账款周转次数）

额度最高不超过企业净资产的四倍，因此：

最高额度≤17 996×4=71 984

授信额度=141 051×（1+120%）×（1－30%）/72+135 397×（1+120%）×（1－30%）/9=26 177

综合考虑企业整体实力及抵（质）押物等情况，整体额度定为3亿元人民币较为合理，续授信时综合考虑额度最高不超过净资产四倍的要求。

（四）综合收益

以提供人与上游供应商每72天周转1轮计算，每年可周转5轮；银行承兑汇票保证金以30%计算；银行承兑汇票手续费为5/10 000；流动资金贷款基准上浮20%。

给予提供人交易融资授信额度3亿元，具体使用人为提供人推荐的上游供应商，各供应商使用授信报分行审批，品种为短期流动资金贷款、银行承兑汇票。

【点评】

大型的施工企业属于理想的渠道类客户，上游配套企业众多，银行可以以施工企业为依托，对上游的供应商提供保理融资。企业使用银行授信产品可以按照客户产业链进行嵌入，上游企业首先提供授信产品，在授信产品到期时，对下游企业提供授信支持，封闭划转资金，实现对上游企业授信的封闭自偿。

【案例2】　天津城建道桥建设集团有限公司配套材料供应商链式融资方案

一、企业基本情况

天津城建道桥建设集团有限公司注册资金2亿元，企业拥有公路工程施工总承包、市政公用工程总承包、房屋建筑工程总承包、公路路面工程专业承包、桥梁工程专业承包等多个项目的一级资质，同时取得城市轨道交通工程资质和国际工程施工资质。

公司总资产为13.12亿元，其中流动资产为11.61亿元（应收账款为4.45亿元、存货为2.46亿元）；负债总额为9.9亿元，流动负债为9.89亿元（短期借款为2.5亿元、应付账款为4.64亿元、预收账款为1.41亿元）；所有者权益为3.2亿元。流动比率为1.17%，速动比率为0.92%，资产负债率为75.61%。公司行业归属虽为建筑施工行业，但收入构成中市政工程（桥梁、道路施工收入为190 786万元）、高等级公路（收入为145 025万元）收入占比超过90%，且业主单位多为天津公联公路、各省市交通厅、公路局等优质客户，回款、利润有保证。

二、银行提供的授信方案

银行提供的链式融资方案操作流程见图2-2。

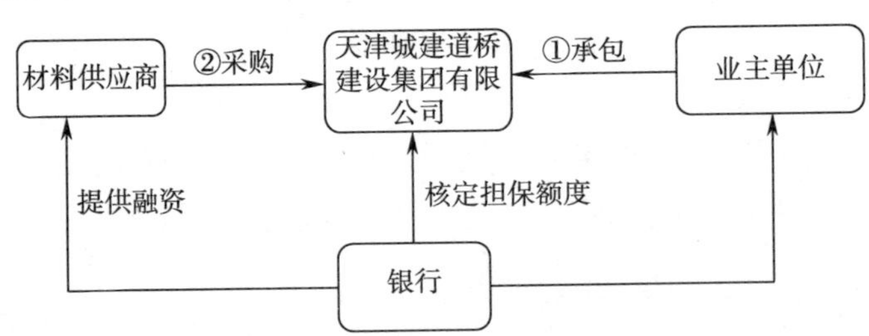

图2-2　链式融资操作流程

（一）供应商的基本条件和要求

1. 符合国家产业政策要求，信誉良好，无违约记录；

2. 具有供货能力，与城建道桥形成长期稳定的供应链关系，而非单笔交易；

3. 列入城建道桥的银行“1+N”保理业务供应商名单；

4. 在银行开立一般结算账户。

（二）业务办理流程

1. 向银行报备城建道桥链式融资项下中小企业金融服务方案；

2. 业务采取先审批业务操作方案、后报批授信额度的模式，操作方案由银行贸易金融部负责审批；

3. 由相关有权部门按照银行法人客户授信管理规定对城建道桥付款担保额度审批；

4. 在城建道桥担保额度内，且供应商在核心企业的银行“1 + N”保理业务供应商名单内，银行可按照单一额度管理方式核定天津地区和异地供应商“1 + N”保理融资额度。

（三）风险防范措施

1. 对客户的要求

（1）供应商针对城建道桥的应收账款必须全部转让给银行，且城建道桥对供应商的应收账款整体转让出具书面确认；

（2）城建道桥同意放弃对应收账款的争议并与银行签署应收账款转让确认协议；

（3）融资到期后，核心企业城建道桥须将款项直接付至银行保理专户或供应商在银行开立的监管账户；

（4）城建道桥在银行开立一般结算账户。

2. 设置额度、期限控制

（1）对供应商的“1 + N”保理融资比例不超过发票金额的 80%；

（2）对供应商的“1 + N”保理融资期限不超过 180 天；

（3）对供应商总体的“1 + N”保理融资额度不超过对城建道桥的“1 + N”保理付款担保额度。

3. 设置风险处理机制

（1）业务操作过程中，出现下列情况应暂停对供应商的融资，银行或经办行应在 1 个工作日之内填写“1 + N”保理业务异常情况报告表并报银行贸易金融部备案，待银行核准后再行融资。

①核心企业对供应商应收账款的转让提出异议；

②核心企业付款超过到期日后 30 天；

③核心企业未将付款划入银行保理专户或供应商在银行开立的监管账户；

④银行提出对核心企业的风险预警；

⑤其他不利于银行融资的情况。

（2）当发现以下情况时，银行或/及经办行向银行和中小企业部提出停止融资、削减甚至撤销核心企业“1＋N”保理付款担保额度的要求，并报银行贸金部备案。

①核心企业出现风险预警；

②核心企业与供应商之间存在串通欺诈的嫌疑；

③其他可能存在的风险。

【点评】

大型施工企业对银行价值极大，在大型的项目建设过程中，业主一般都是将整个项目整体发包给大型的施工企业（总承包商），项目需要的钢材、水泥等物资由总承包商进行采购，业主单位指定钢材和水泥等物资的品牌等，形成了业主单位—总承包商—材料供应商完整的资金流。银行可以借助总承包商营销上游的材料供应商。

【案例3】 山东晨优工程有限公司供应链融资授信方案

一、企业基本情况

山东晨优工程有限公司是山东路桥系统道路建设的骨干企业，该公司在某银行一直保持着稳定的结算量。

二、银行提供的授信方案

银行提供的授信方案见表2－5。

表2－5 授信方案

山东晨优工程有限公司			
额度类型	公开授信额度	授信方式	综合授信额度
授信额度（万元）	20 000.00	授信期限（月）	12

续表

授信品种	币种	金额（万元）	保证金比例（%）	期限（月）	利/费率（%）	是否循环
国内信用证项下开证授信	人民币	5 000.00	20.00	12	按银行规定执行	是
流动资金贷款	人民币	2 000.00	0.00	12	按银行规定执行	是
履约保函	人民币	13 000.00	0.00	12	按银行规定执行	是
贷款性质	新增	本次授信敞口（万元）		19 000.00	授信总敞口（万元）	19 000.00
担保方式及内容	保证人：山东省公路桥梁建设集团有限公司					
授信前需落实条件或其他授信要求： 1. 借款人需出具同意向银行提供授信的董事会决议； 2. 担保人需向银行出具同意担保的董事会决议； 3. 借款人提供的履约保函额度可串用为投标保函、预付款保函，并可与银行信贷证明额度串用； 4. 借款人提供的国内信用证额度可用于办理买方押汇，受益人可在银行办理议付。						

（一）保函用途及提供原因

1. 保函用途

（1）投标保函：投标保函主要用于工程前期，一般先由业主发出投标邀请，然后施工企业根据投标邀请情况整理投标文件，进行投标。近几年，山东省公路市场标段主要呈现“散”的特点，业主一般将一整段工程分成若干个标段进行招标，每个标段平均金额在4 000万元左右，因此施工企业为了确保中标，一般要在2个以上的标段进行投标，每一个标段均需提供1份投标保函，金额一般由业主规定，每份保函金额在100万元左右；外地工程除具备山东工程的特点外，每个标段金额一般较大，在1亿元左右，但是外地业主一般将每个标段分成路基和路面两个标，因此施工企业为了确保中标，每个标段均需提供2个保函，因此一次投标需要4个保函，平均每份保函金额在400万元左右。因此近年来，施工企业在投标保函的业务量上的需求很大，每年保函量的四成都用在了投标保函业务上。投标保函相对其余两种工程保函具备金额小、流转速度快的特点，但一般每份保函占用额度时间也要1个月。

（2）履约、预付款保函：这两类保函一般是在工程中标后，业主为了防范施工企业不按照投标保函内容履行义务而要求施工企业提供的承诺，这两

类保函时间较长。在金额上，履约保函一般占工程总造价的10%，到完工时才退回；预付款保函一般占工程总造价的10%，但最高可以达到30%，一般在工程进行30%或50%时才退回。现在一个工程施工时间山东工程往往为6个月至1年，外地工程一般在1年至2年，因此这两类保函占用额度多，且流转速度较慢，但由于是中标后才办理，因此一般占用保函量的六成左右。

2. 提供原因

随着公路市场管理的逐步完善，越来越多的建设单位在招标时和中标后所要求的财务手续也逐步规范，相应地增加了施工企业保函业务的需求量。工程量的增加，必然带动施工企业保函等业务量的增加。随着奥运会的临近，山东的道路建设增长迅猛，作为山东省公路建设的主力军，晨优公司在施工程达到13亿元，其中山东省工程达到5.8亿元，外埠工程达到7.1亿元。由于在施工程的增加，导致公司履约和预付款保函需求量增长迅速，公司现在在各家合作银行共计开立保函1.37亿元。这1.37亿元保函中履约保函和预付款保函就占到了1.18亿元，由于履约和预付款保函必须到工程完工才能退回，循环性较差，因此公司保函授信基本已经使用满。

（二）银行信贷证明用途、提供原因

随着企业投标工作的增加，企业对银行信贷证明业务的需求也越来越多。已经有越来越多的业主要求在项目投标人资格预审阶段以出具银行信贷证明书的形式，向招标人承诺提供人在承包工程中有能力从银行获得必要的信贷支持。据了解，因投标所需，该企业在他行开具信贷证明120笔，银行中间业务收入可观，因此，企业此次提供的1.3亿元保函额度可串用为信贷证明额度，可增加银行的中间业务收入。

（三）国内信用证用途、提供原因

经过银行积极营销，晨优公司首次向银行提出提供人民币5 000万元国内信用证额度，用于向其上游客户采购施工材料。晨优公司进行采购的货品主要以道路建设用的沥青、水泥、钢筋为主，其主要经销商包括山东路桥路兴物资中心、山东路星沥青制品厂、玉林石灰厂等，这些都是与晨优公司进行多年合作的稳定客户，以往从未发生过纠纷，贸易背景真实，风险可控。其中路兴物资中心、山东路星沥青制品厂同为路桥系统内公司，与晨优公司为兄弟单位，与山东路桥系统有着广泛的合作基础。晨优公司与上述供应单位合作时间较长，因此在付款条件上更为优越。供货质量方面执行的是国家或

交通部统一标准，质量有保障，货源稳定。晨优公司用于采购的沥青、水泥、钢筋等道路建设所需原材料具有采购量大的特性，一般单笔采购金额在1 000万元左右，平均一项造价为1亿元的项目，公司所需采购的原材料为4 000万~5 000万元。由此推算，晨优公司在建工程为15亿元，所需原材料采购金额为7.5亿元。此次银行拟定为晨优公司提供5 000万元的国内信用证额度供公司循环使用，可在一定程度上缓解公司的资金压力，也为银行带来可观的中间业务收入。银行将视公司当年的额度使用情况，未来给公司提出更加合理的额度份额。由于国内信用证业务是银行率先营销下来的业务品种，一旦晨优公司使用后，将大大提高公司对银行的依赖度。国内信用证也是银行现阶段主推的贸易融资类产品，一方面增加了晨优公司现有资金的使用效率，为公司争取到了更为广阔的融资空间；另一方面通过国内信用证业务银行可以争取到更多的中间业务收入及20%保证金的资金沉淀，并联动着使晨优公司的上游经销商在银行进行结算，增加资金的沉淀量，为银行带来更高的综合收益。

（四）还款来源

由于公司提供的是非融资类保函额度，主要业务品种为投标、履约和预付款保函。因此，额度在使用时，不会发生实际的款项支出，只有在履约过程中发生违约情况时才可能涉及资金的赔付，以下从两方面进行分析。

1. 发生违约索赔的可能性

由于公司授信提供的主要业务品种是非融资类保函额度，包含投标、履约和预付款保函。因此，额度在使用时，不会发生实际的款项支出，只有在履约过程中发生违约情况时才可能涉及资金的赔付。因此，针对此类业务，首先分析一下公司保函发生赔付的可能性：第一，从保函用途来看，银行可以准确把握用途，不会发生与实际用途不符的情况。第二，对于额度的占用时间，按照公司往年的惯例，公司开立保函时一般先行约定保函期限，不开立敞口保函，因此保函占用时间较为固定，风险期限固定（对于投标保函一般在投标结果公布后即退回，时间不超过3个月，占用时间较短；对于履约和预付款保函，一般在工程完工后即退回，山东工程一般都在1年内，最长期限不超过2年）。第三，从路桥系统企业在银行授信历史来看，公司未发生过一笔保函索赔的案件，尤其是近几年，公司所从事的山东工程比例增加，山东工程相比外埠工程来说，具有较为明显的地缘性，山东省公路市场的三

大业主均与路桥公司有着较深的渊源和长时间的业务联系。因此，路桥公司在山东市场所修建的工程，几乎不会与业主发生履约方面的纠纷，即使发生商榷事件，也不会使纠纷蔓延到以银行的保函索赔的地步。对于外地标的，该公司一般较为谨慎，只投标于交通部的一些主要工程，时间一般不超过2年。第四，从保函金额来看，单张保函的金额至今没有超过4 000万元的，而且即使发生赔付也不可能所有保函同时发生赔付，因此发生风险的赔偿金额应该远远小于银行给予的保函授信额度金额。综上，公司所开立的保函发生违约的可能性较小，涉及银行保函赔付的可能性小。

此外，公司提供的国内信用证额度在使用时，也不会发生实际的款项支出，只有在履约过程中发生违约情况时才可能涉及资金的赔付，银行将严格把控客户贸易背景的真实性，以及提交单据的合法、合规性，做到对合同细节严格把关，确保风险降至最低。

2. 一旦赔付，公司主要的还款来源

（1）工程业主正常拨付的工程款；

（2）综合公司几年的财务报表情况，公司货币资金存量在5 000万~8 000万元；

（3）企业经营净利润，公司实现1 352万元的净利润；

（4）其上级即担保单位山东公路桥梁公司可随时提供2 000万元以内的临时周转资金；

（5）其他合作银行的融资空间（建设银行给予晨优公司综合授信15 000万元，其中贷款额度5 000万元，保函额度10 000万元；山东银行给予晨优公司综合授信12 000万元，其中贷款额度2 000万元，保函额度10 000万元及不受限制的信贷证明额度）。

综合上述的还款来源共计19 000万元，均为公司可以及时变现的资金来源，上述还款为银行2 000万元贷款和1.3亿元保函额度及5 000万元国内信用证额度授信提供有力的还款保障。

提款及还款方式：提款与还款方式应该与客户的资金需求匹配，明确一次或多次提款，一次或多次还款，以及提款与还款的大致时间。

贷款：采用一次性放款，一次性还款。银行将加强监督支付，保障资金使用与实际用途相符。

投标保函：根据业主提供的招标通知书和相应文件提供使用银行的授信

额度。

履约和预付款保函：根据中标通知书和相关文件占用银行授信额度。

国内信用证：根据真实贸易合同、单据提供使用银行额度。

【点评】

施工行业保函使用量十分频繁，营销该类客户的首选产品应当是各类银行保函，营销保函一定要盯住企业的招投标履约活动，投标、履约、质量保函接续营销。

【案例4】　吉林省交通厅供应链授信方案

一、企业基本情况

吉林省交通厅负责吉林省内高速公路的建设、施工、资金筹措、资金管理、收费等业务。吉林省交通厅对吉林省高速公路的建设和运营坚持实行集中统一的管理体制，即统一制订规划，统一组织建设，统一收费还贷，统一运营管理。各项规费收入128亿元，累计利用贷款554亿元，累计偿还贷款77亿元，高速公路贷款余额477亿元。

吉林省交通厅是银行核心客户，除传统业务存款、贷款及结算外，双方在利率互换、信托理财及公路票据通业务方面均进行了合作。该客户在银行贷款规模约36亿元，日均存款19亿元，结算资金规模300亿元，办理票据通2.3亿元，办理信托理财50亿元，实现利率互换收益1 228万元，单户全年净收益约9 000万元。

二、银行提供的授信方案

（一）产业链条架构

上游客户：钢材供应商、水泥供应商、沥青供应商；

核心客户：吉林省交通厅、吉林省高速公路管理局、吉林省高速公路建设局；

下游客户：各大施工企业、工程承包商。

（二）融资方案设计

1. 上游客户融资方案

吉林省交通厅为确保重要工程的质量，有选择地统一采购钢铁、水泥、沥青等原料。在采购过程中，可应用保函、货押融资、应收账款质押、隐蔽型保理等金融产品。以沥青供应商为例，相关公司参与高速公路投标，需开具投标保函。中标后，授信品种主要是进口开证或开立国内信用证，可进行现货或进行未来货权质押（可采用到港监管再转至现货质押）。

2. 核心客户融资方案

吉林省交通厅为统贷统还式管理，贷款资金到账后，将划至吉林省高速公路建设局，用于支付施工和材料费用。由于吉林省交通厅在各家银行授信较多，传统贷款方式对其缺乏吸引力。银行认真分析交通厅需求，从降低财务费用的角度出发，设计了如下方案。

（1）中长期流动资金贷款。随着高速公路逐步竣工和运营，项目融资陆续到期，道路的养护日益重要，在此阶段，适合做中长期流动资金贷款。

（2）公路票据通。由于贷款规模加大，交通厅的财务负担较为沉重。因此，对于工程承包款项和劳务款项，可采用票据付款方式，降低财务成本。具体操作：以吉林省交通厅作为授信主体，授权其下属单位吉林省高速公路建设局使用其授信额度，办理银行承兑汇票及配套买方付息贴现业务，向供应商付款。丹通线已经使用此类公路票据通业务。

（3）公路建设资金监管。由于建筑施工企业挪用项目建设资金、拖欠工人工资等现象时有发生。为此，银行可根据高速公路建设局的资金监管要求，协助监管相应建设资金。具体操作：银行为交通厅发放贷款，划入高速公路建设局专户，银行与高速公路建设局约定，委托银行对项目资金进行管理，银行与施工企业签订资金监管协议，对项目资金进行管理，对符合高速公路建设局规定的资金予以支付。

3. 下游客户融资方案

建筑类施工企业在参与高速公路建设中可应用银行的产品较多，如开立信贷证明进行资格预审，缴纳投标保证金（可进行贷款）或开立投标保函，中标后开立履约保函和预付款保函并缴纳履约保证金（可进行贷款）。在工程建设过程中，吉林省高速公路建设局按工程进度拨付资金，银行可根据工程进度提供中短期流动资金贷款或保理。

【点评】

银行改变传统的项目贷款融资方式，以交通厅为核心客户，成功拓展了上游材料供应商、下游施工企业，针对资金支付与管理要求，设计了流动资金贷款、银行承兑汇票、买方付息票据贴现、保理、保函等多项融资产品和资金监管产品，降低了客户的财务成本，提高了银行的综合收益，具有较好的示范效应。

【案例5】　项目承揽融资方案

一、项目基本情况

1. 项目介绍

国道318线雅安至泸沽高速公路起于雅安对岩镇，止于西昌市泸沽镇小沙沟，是国家高速公路网七条首都放射线中北京至昆明的一段，属于国防通道项目，两端连接已建成高速公路，全长239.139公里，项目概算总投资163.77亿元。

在高速公路项目主方雅西高速公路资金充足、银行授信需求较小的情况下，银行大胆创新，将高速公路建设的施工企业纳入银行的授信体系，以与业主单位的业务合作为基础，对施工企业进行一一甄别，确定准入资格，通过银行、项目业主、施工方签订三方协议锁定工程款的回笼，在控制风险的同时，开辟交易融资的新模式——项目承揽融资，具备较强的典型示范意义。

2. 客户需求

（1）雅西高速项目业主在银行有授信，但授信支用率不高，综合回报较低，故采用传统授信方式很难在合作上取得新的突破。

（2）其产业链下游有大量的高速公路施工企业，施工企业在建设过程中需要垫款，从而有融资需求。

（3）施工企业自身具备较强的经营实力，但需通过银行的授信支持提高资金使用效率，加快工程进度。

3. 需求分析

高速公路施工企业经过招投标程序严格筛选产生，业主对施工企业的筛选结果一定程度上可以作为银行风险度评估参考，同时，业主单位四川高速公路的项目资金已经基本落实，且自身经营实力较强，不存在因资金不到位而导致工程烂尾款的可能。与此同时，工程承包合同载明了工程建设费用，总合同履行有保证。在此基础上，项目业主材料填料补差滞后，预付账款不足或扣回、施工企业提交工程进度计量资料与获得工程进度款之间存在时间差均会导致施工企业垫付材料款，从而使施工企业产生融资需求，在赊购材料供不应求的情况下，建材供应商需要改变结算方式，施工企业对融资的需求将变得更加迫切。

二、银行提供的授信方案

1. 产品选择及方案设计

四川高速公路结算周期一般在 40 ~ 50 天，最短 1 个月，最长不超过 2 个月。施工企业达到计量要求后，可向项目业主提交相关资料提供支付，故存在与业主单位合作的基础，银行通过设定唯一结算账户等方式，锁定还款的资金来源。与此同时，在与施工企业的合作中，银行处于相对有利的议价地位，还可产生大量的工程结算存款。

银行授信品种主要为银行承兑汇票，保证金比例 20%，票据期限最短 3 个月。在对施工企业给予授信后，银行与项目业主、施工企业签订三方协议，协议保证施工企业在银行开立的结算账户为施工企业接收项目业主工程款的唯一账户，所有工程款支付均通过该结算账户结算。施工企业使用银行授信购买原材料等，须经项目业主、银行审批同意方可支用，支付时可采用银行受托支付控制。其具体操作流程如图 2 – 3 所示。

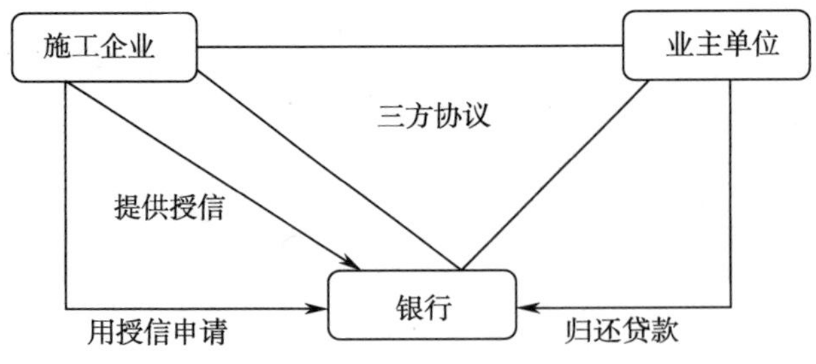

图 2 – 3　项目承揽融资操作流程

2. 收益分析

通过高速公路产业链开发，将项目业主、施工企业、材料供应商在项目工程中的资金封闭在银行运行，有效实现有结算基础的存款稳定增长。

同类项目批量复制：雅西公司母公司四川高速公司拥有多个在建高速公路项目公司，四川高速公司表示先选择雅西路进行试点，成功后复制到全省各高速公路项目，规模效益巨大。

【点评】

银行为雅西高速路基施工企业设计的授信方案基于四大要素：合格的项目与项目业主；项目建设资金已经落实；项目承揽单位经招投标产生；可以锁定项目结算款唯一账户。该授信操作模式具有较强的借鉴和复制、推广意义，可依据上述基本条件向类似的重大工程进行推广（铁路、大型发电站、大型城市基础设施项目等）。除此之外，根据产业链融资业务开发“横到边、竖到底”的原则，各类项目建设对钢材、水泥等建材需求量巨大，如果能有效控制施工企业的现金流，还可以将交易融资业务链向建材、设备供应商延伸。

【案例6】 河北建工第四工程有限公司BT融资方案

一、企业基本情况

1. 河北建工第四工程有限公司

河北建工第四工程有限公司注册资金1.5亿元，是具备房屋建筑工程施工总承包一级资质、市政公用工程施工总承包一级资质、钢结构工程专业承包一级资质、机电设备安装工程专业承包一级资质、建筑装修装饰工程专业承包一级资质的新型建筑施工企业，经营范围包括房屋建筑工程施工，市政公用工程施工，建筑装修装饰工程施工，建筑材料生产、销售，钢结构加工与安装，房地产开发等。

2. 项目介绍

新源区南岗科技园位于大蜀山森林公园西北方向，北侧紧邻董铺水库水源生态保护区，南临新源区和创新示范区，东接蜀山新产业园区，北与新桥机场临港产业园相邻，总体规划面积约12平方公里。由市新源技术产业开发区和该市蜀山区联手建设的这一经济园区，是继20世纪90年代启动新源技术产业开发区建设、启动“科学城”建设之后，再次向西扩张的重要一步，是城市西部重要的综合交通枢纽区，并作为新源区、示范区的战略组成部分。德国大陆轮胎等一批优秀大型企业已经在此落户。一期规划建设目标是将建设的2.43平方公里范围内路网全部建成通车。为此，石家庄城创建设投资有限公司采用BT模式开展了石家庄南岗科技园康乐路、富临路、临港路、规划一路、规划二路、惠民路等路网项目，道路总长约12.6公里，项目总投资人民币1.22亿元，通过公开招标方式选择河北建工第四工程有限公司作为建设单位。河北建工第四工程有限公司整合社会资源，投资1.2亿元建设南岗科技园路网工程BT项目。项目已经建设完工并已经获得建设、代建、设计、勘察、监理、施工等单位联合签发的竣工验收证书。河北建工第四工程有限公司由此形成财政应收账款超过1亿元。该系列项目的建设实施，进一步完备了石家庄南岗科技园基础设施建设，在提升城市功能、投资环境、人居环境的同时，对推动石家庄新源区乃至石家庄市的经济发展起到积极的作用。

南岗科技园路网建设项目手续齐全，包括项目可研报告的批复，项目路网立项批复，环评审批意见，建设项目选址意见书，建设用地规划许可证，建设工程规划许可证；项目招标书，以及四建公司中标通知书；项目施工合同；项目竣工验收合同；石家庄城创和四建公司签署的《石家庄南岗科技园路网BT工程BT（投资建设+移交回购）合同》；石家庄新源区财政局与四建公司签署的回购承诺函。

二、银行提供的授信方案

银行提供的BT融资业务流程如图2-4所示，授信方案见表2-6。

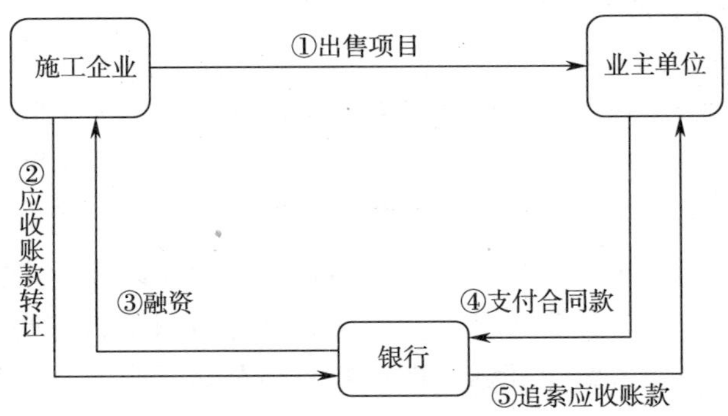

图 2－4　BT 融资业务流程

表 2－6　授信方案

河北建工第四工程有限公司						
额度类型	内部授信额度		授信方式	单笔单批额度		
授信额度（万元）	6 500.00		授信期限（月）	36		
授信品种	币种	金额（万元）	保证金比例（%）	期限（月）	利/费率（%）	是否循环
国内有追索权保理	人民币	6 500.00	0.00	36	按照银行规定	
贷款性质	新增	本次授信敞口（万元）		6 500.00	授信总敞口（万元）	6 500.00
担保方式及内容	信用					

1. 应收账款融资方案

石家庄南岗科技园康乐路、富临路、临港路、规划一路、规划二路、惠民路路网项目以招标方式由河北建工第四工程有限公司作为中标人采用“投融资＋施工一体化”方式实施，石家庄城创建设投资有限公司在项目竣工后进行回购，资金分期支付。回购资金由石家庄新源技术产业开发区财政局纳入相应年度的财政预算，按期拨付给石家庄城创建设投资有限公司用于路网项目的回购。同时石家庄新源技术产业开发区财政局向河北建工第四工程有限公司出具了回购承诺函，就石家庄城创在此项目下的义务和违约责任承担连带责任。

此项目总金额为人民币 1.22 亿元，回购期为 3 年，自项目竣工验收合格

之日起12个月内支付BT投资额40%的款项，24个月内和36个月内分别支付BT投资额30%的款项。

石家庄城创建设投资有限公司投资并由河北建工第四工程有限公司建设的城建项目为非营利公益性项目，前期建设资金来源主要由河北建工第四工程有限公司自筹资金建设，项目完工后由石家庄城创建设投资有限公司进行回购，石家庄新源技术产业开发区财政局相应年度财政预算中安排财政拨款来还本付息并同时承担连带责任。虽然还款来源有保证，主要依赖于财政建设资金安排，但由于石家庄城创建设投资有限公司接收财政拨款的滞后性及项目的建设方式导致河北建工第四工程有限公司无法一次性获得回购款项，面临着资金上的流动性压力。

根据以上思路河北建工第四工程有限公司、石家庄城创和银行三方设定以下融资方案。

（1）以石家庄城创建设投资有限公司已竣工路网项目第二期和第三期项目应付回购款作为河北建工第四工程有限公司向其待结算的应收款项。

（2）石家庄城创建设投资有限公司以书面形式向银行确认按计划将项目回购款支付计划表中第二期及第三期的应付回购款项拨付至河北建工第四工程有限公司开在银行的监管账户。

（3）河北建工第四工程有限公司向银行提出融资申请，同时提供工程立项批复、招标文件、中标通知书、建设工程施工合同、竣工验收证书、BT合同、财政回购承诺函、债权确认书、政府财政预算书等文件。

（4）银行以这部分应收账款进行中长期融资，融资比例90%。

银行拟为河北建工第四工程有限公司设计的中长期应收账款融资业务总的授信敞口为6 500万元，期限与项目回购款支付计划表相匹配，即石家庄城创建设投资有限公司支付总回购款项的30%，按季度收取利息，银行将为河北建工第四工程有限公司开立监管账户。

2. 风险控制措施

为了确保银行信贷资金的安全，推动贸易融资业务的稳健发展，提高贸易融资业务综合收益，优化银行的产品结构和收入结构，经过三方沟通，银行拟为河北建工第四工程有限公司叙作中长期应收账款融资业务。此次中长期应收账款融资业务是指针对河北建工第四工程有限公司承建的石家庄南岗科技园康乐路、富临路、临港路、规划一路、规划二路、惠民路路网项目等

系列道路改造工程产生的合格中长期应收账款，经过石家庄新源技术产业开发区财政局与石家庄城建投资控股有限公司审核确认，银行向河北建工第四工程有限公司提供融资，由石家庄城建投资控股有限公司确认按照还款计划按时进行财政资金的拨付，归还银行融资资金的贸易融资业务。

银行拟为河北建工第四工程有限公司设计中长期应收账款融资业务总的授信敞口为6 500万元，循环使用。进行融资的应收账款必须是经过银行认可的合格应收账款。河北建工第四工程有限公司在银行开立监管账户，石家庄城建投资控股有限公司还款计划办理资金划拨至河北建工第四工程有限公司的监管账户。

3. 收益

（1）将为河北建工第四工程有限公司带来的益处

①通过该业务方案的设计，明确财政、石家庄城建投资控股有限公司的各方责任，敦促资金安排和拨付；

②促进河北建工第四工程有限公司合理安排和使用信贷资金，避免由于资金流动性压力导致业务发展受到影响。

（2）给银行带来的收益

①通过以政府财政应付已完成项目城建资金款项为背景开展中长期应收账款融资业务，改变以传统信贷业务参与城市建设项目的方式，调整了银行信贷和产品结构。

②应收账款融资业务进一步明确信贷投放用途，改变单纯以财政过桥形式进行信贷投放的方式；同时，也通过带有财政背景的资金拨付计划进一步确认未来的还款安排。

③增加银行总体收益，同时调整收益结构，增加中间业务收入。应收账款融资业务在保持正常利息收入的同时增加如贸易融资额度管理费等中间收入，使银行收益和风险能够得到合理的配置。

④依托石家庄市新源区财政较强的经济实力，通过财政确定并将应收账款具体纳入还款计划，缓解和缓释银行存量信贷风险，保证银行信贷资产质量。同时，银行和河北建工第四工程有限公司已经达成合作意向，使该银行比其他银行获得业务合作的优先权；有利于银行与石家庄新源区财政、河北建工第四工程有限公司、石家庄城建投资控股有限公司加强战略合作，保持同业中领先地位的同时继续得到政府和财政的支持。

本次授信的实质为石家庄新源区政府信用。根据新源区近年来城镇建设及财政收支情况分析，区政府综合实力较强，在银行贷款还款期内，该市财政性负债无集中到期情况，政府具备较强的偿债能力，区政府对借款人支持力度较大，签署了回购承诺书，第一还款来源较为稳定。

【点评】

在各地城投公司授信受到大规模控制的情况下，银行可以提供融资顾问服务，施工企业采取BT融资方式，缓解城投公司的资金压力，间接给城投公司提供融资。本案例中，银行采取保理方式介入，因为城投公司已经对施工企业的应付账款进行确认，符合银行保理的条件。我们建议：可以采取分段融资模式，首先由银行与施工企业和城投公司签订三方合作协议，银行对施工企业提供项目施工项目贷款，在项目完工后，以保理融资置换前期的项目贷款，实现封闭自偿。

【案例7】　中国核工业兴信建设有限公司商票授信方案

一、企业基本情况

中国核工业兴信建设有限公司是中国核工业建设集团公司的重点成员单位之一，是在甘肃成立的第一批军工企业，曾承担过我国“两弹一艇”试验基地以及许多重要核工程、军工工程的建设，改制成为中国核工业建设集团公司第一家成功实施债转股和股份制改造，公司设立核电工程事业部、国内工程事业部、国际工程事业部和直属子公司。

二、银行提供的授信方案

银行为该公司提供的商票授信方案如表2－7所示。

表2－7　中国核工业兴信建设有限公司授信方案

授信方式	授信品种	币种	金额（万元）	保证金比例（%）	期限（月）	利/费率（%）
公开授信额度		人民币	130 000.00		12	

续表

授信方式	授信品种	币种	金额（万元）	保证金比例（%）	期限（月）	利/费率（%）
可循环综合授信	流动资金贷款	人民币	50 000.00	0.0	12	基准
不可循环综合授信	商业承兑汇票贴现	人民币	30 000.00	0.0	12	基准
可循环综合授信	预付款保函	人民币	30 000.00	0.0	12	基准
可循环综合授信	进口开证授信	人民币	20 000.00	0.0	12	基准
担保方式及内容	信用			授信敞口（万元）	130 000.00	

【点评】

核工业、电力建设等领域，由于具备较强的专业性，进入壁垒极高，所以结算较为规范，很少有被业主单位拖欠的应收账款。这类客户往往有大量的配套企业，例如材料供应商和物资配套企业，银行可以考虑设计关联上下游企业的融资方案，例如提供商业承兑汇票保贴额度，用于营销上游配套企业；提供保理融资，用于收回下游公司款项。

第三篇　开发商授信方案篇

各地保障性住房建设工作量极大，银行可以将保障性住房融资作为重要的切入点，针对各地的保障性住房建设主体提供融资，银行提供融资切忌只关注借款人本身，还应当考虑上游的施工企业和材料供应商。

中小企业购置商业地产，用于自身的经营需要，银行可以积极开发这类客户群体。银行可以积极联系商业地产开发商，将其视为渠道类客户，提供按揭贷款额度。通常商业地产开发商会给银行介绍众多的中小购房企业客户，银行的目标不仅仅是一些小额贷款的客户，还有可观的中小优质客户群体。

一、房地产开发行业产业链

该行业产业链如图 3－1 所示。

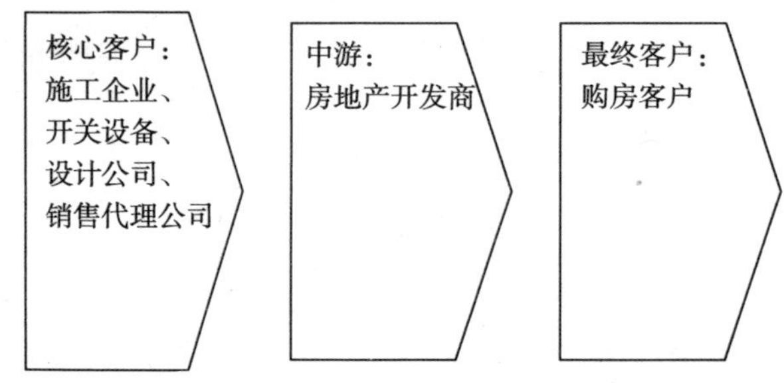

图 3－1　房地产行业产业链

1. 上游

（1）主要是施工企业。大型施工企业通常需要承担水泥、钢材、砂石等材料的购买，由开发商选择具体的规格和厂商。

（2）知名客户：电力开关设备供应商、水电气设备管道供应商通常都是当地电力公司的关系客户。

（3）园林公司。北京东方园林股份有限公司、广东棕榈园林股份有限公

司、苏州园林发展股份有限公司、山东光合园林科技有限公司、广州市普邦园林配套工程有限公司、岭南园林股份有限公司、天津市北方创业园林工程有限公司、杭州萧山凌飞环境绿化有限公司、杭州天开市政园林工程有限公司、浙江滕头园林股份有限公司、张家港市园林建设工程有限公司、江苏大千景观工程有限公司、深圳市国艺园林建设有限公司、厦门市北区绿化工程有限公司。

2. 核心开发商客户

开发商名单：

国有大型开发商：中国海外发展有限公司、中国保利集团公司、北京首都开发股份有限公司、招商局地产控股股份有限公司、金地（集团）股份有限公司、中冶置业有限责任公司、金融街控股股份有限公司、华润置地有限公司、深圳华侨城房地产有限公司、中信房地产股份有限公司、中粮地产（集团）股份有限公司、远洋地产有限公司、中铁房地产集团有限公司、上海地产（集团）有限公司、天津泰达建设集团有限公司、首创置业股份有限公司、北京城建投资发展股份有限公司、苏州工业园区建屋发展集团有限公司、武汉地产开发投资集团有限公司、建发房地产集团有限公司、上海绿地（集团）有限公司、中新苏州工业园区置地有限公司、西安高科（集团）公司、中国水电建设集团房地产有限公司、上海城投置地（集团）有限公司、北京金隅嘉业房地产开发有限公司、中铁置业集团有限公司、天津市房地产发展（集团）股份有限公司。

3. 中游

专业一手房代理商，例如，世联地产、伟业地产、中原地产、房地产开发商一般委托房产代理商出售房产，大型销售公司具备非常强的实力，很强的操盘能力。

在对供应链上下游企业授信时，作为重要的风险缓释措施，应重点加强对货权控制及货物价格的监控，例如对于下游煤炭批发商开展货押业务，在第三方委托监管货物基础上，还需加大核库查库力度，并建立总分行一体化的价格盯市与补充保证金制度，对操作人员提出较高要求。

4. 最终客户

个人购房客户和职业投资客户。

二、房地产企业的认识

（一）房地产企业取得土地阶段

1. 实务流程

房地产企业取得土地流程如图3－2所示。

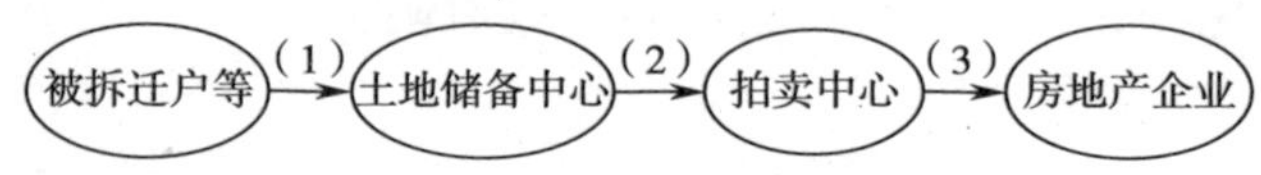

图3－2　实务流程

（1）各级政府获批土地指标，由拆迁办负责该土地上的居民或企事业单位的拆迁，把熟地交土地储备中心。

（2）土地储备中心把要拍卖（招标、挂牌）的土地交由财政局、土管局、规划局、计经委等部门联合成立的拍卖（招标、挂牌）中心，负责拍卖（招标、挂牌）土地。

（3）拍卖（招标、挂牌）中心通过对房地产公司的评估，确定中标房地产公司，把地出让给房地产公司。

2. 资金流程

土地出让资金流程如图3－3所示。

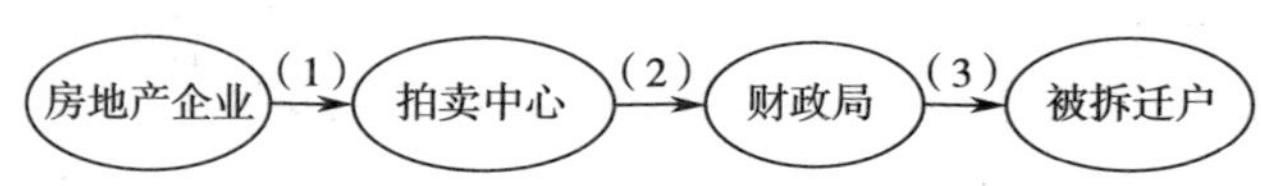

图3－3　资金流程

（1）参加拍卖（招标、挂牌）的房地产公司提供保证金，资金流入拍卖（招标、挂牌）中心保证金专户。

（2）中标的房地产公司按照合同支付土地出让金，资金流入财政局土地出让金专户。

（3）财政局把土地出让资金主要分配如下：土地所在地政府作为拆迁补偿；土管局拆迁办用于补偿拆迁企业及个人；留用的土地转让增量收入。

3. 营销及产品指南

根据资金流转过程，银行在各阶段可以营销的产品和服务如下。

（1）招标保证金专户：营销对象为土地拍卖（招标、挂牌）中心，营销产品为传统的负债业务和理财性质的现金管理账户，营销手段主要依靠传统

的关系营销和理财服务。该类账户的特点：资金存量稳定，开户行基本稳定。

（2）财政局土地出让金专户和土管局、拆迁办的各类专户：营销对象为财政局、土管局等各级政府部门，营销产品为传统的负债业务和理财性质的现金管理账户，营销手段主要依靠传统的关系营销和理财服务。该类账户的特点：专户种类众多，存量存款基本稳定，增量存款数额巨大，开户行稳定性强，专户一旦开立，再次更改银行的可能性小。该类账户一直是各银行的黄金账户。

（3）拆迁补偿款：营销对象为拆迁户个人或被拆迁单位。针对拆迁个人，存在个体数量多、单笔金额小的特点，营销产品为个人银行理财A、B计划及普通储蓄，营销手段主要依靠理财服务及优质服务，依靠对公业务带动对私业务，前期通过拆迁办、土管局的推荐平台，做事先介入，及时有效的宣传活动作为保障。针对被拆迁单位，由于其拆迁补偿金额巨大，并且往往伴随着腾笼置业、产业升级，其资金到位和运用有时间差，因此营销产品为传统的负债业务和企业综合服务方案。

（4）土地储备贷款：各级政府成立的独立法人机构性质的土地储备中心，受土地行政主管部门委托，从事土地收购、储备、出让土地及相关前期工作时，若资金不足，需要银行给予的贷款。

（二）房产建设阶段

1. 实务流程

房地产企业会同建筑企业建设房地产项目，房地产企业取得预售资格后，购房户签订购房合同，出售房屋，建成后房产交购房户。

2. 资金流程

房产建设阶段资金流程如图3－4所示。

（1）房地产企业取得四证，提供银行房地产开发贷款，资金从银行直接流向房地产公司。

（2）预售时购房户支付部分房款给房地产公司，结顶时购房户从银行申请房地产按揭贷款，资金从银行间接流向房地产公司。

（3）随着融资渠道的拓宽，房地产公司通过房地产投资基金或信托产品融资，资金从融资中介流向房地产公司。

（4）房地产公司在建设过程中，支付各类工程款项，资金从房地产公司流向建筑公司，进一步流向水泥、钢铁、建材生产流通企业。

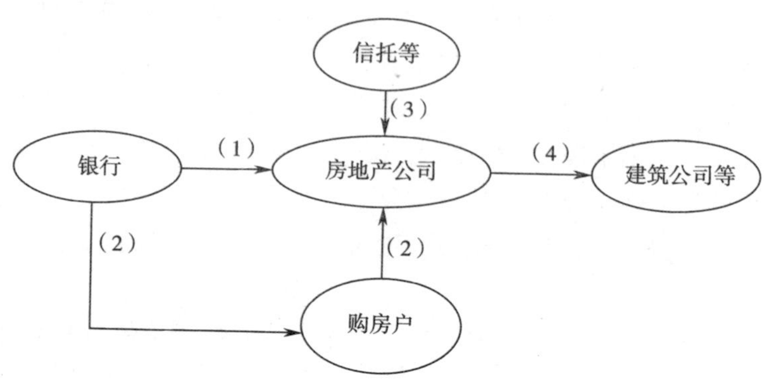

图3-4 资金流程

3. 营销及产品指南

根据资金流转过程，银行在各阶段可以营销的产品和服务如下。

(1) 房地产开发贷款：向房地产开发企业发放的用于其所开发的房地产项目建设的贷款。

(2) 个人住房按揭贷款：银行的房地产开发贷款一般要求封闭运作，购房户的购房款和按揭贷款必须首先用于偿还房地产开发贷款。同时按揭的购房户必须在银行开立银行卡，发展对私业务。

(3) 融资创新产品——基金及信托产品：房地产业已成为与银行业高度依存的行业，大部分的房地产开发资金来源于银行贷款。房地产贷款在金融机构新增资产中的比重呈上升的趋势，对银行造成很大的压力。房地产企业需要除银行之外更好的融资渠道。而在房地产领域，其他融资方式很少，如上市控制比较严格，发行企业债及短期融资券比较困难，产业基金尚未得到法律保护。但是在中央银行开始加强对房地产金融风险的关注和控制后，从当前房地产融资的方向及趋势看，基金及信托将会成为金融创新的主力，并在相当长的一段时期内以基金、信托加银行的方式来表现。

通过与信托公司的业务合作，取得房地产信托资金的保管人资格，可以发展负债业务，同时将信托计划募集资金用于银行目标房地产开发企业和目标住宅项目，发挥资金信托计划资金对银行房地产开发贷款的替代作用，因此应大力推广“资金信托计划+银行个人住房按揭贷款”捆绑运作模式。在实际营销中，为加强营销的力度，根据房地产项目的实际情况，可以在信托资金到位的情况下，配以必要的银行房地产开发贷款，采用“资金信托计划+

房地产开发贷款＋个人住房按揭贷款”封闭运作模式。

银行操作的代理资金信托资金收付业务主要包括：协助信托公司推介资金信托产品，代理资金收付及账户服务。协助推介资金信托产品是指信托公司向社会推出资金信托产品后，银行接受其委托，在符合有关规定的情况下，主动协助其介绍产品的特点、优势、收益前景等，向有投资意向的自然人、法人和其他社会组织推荐投资于该资金信托产品。代理资金收付及账户服务是指银行受信托公司委托，代理其收取委托人申购资金信托产品的资金，登记委托人和受益人等信息，为委托人和受益人办理业务查询、收益分配与信托资金清退手续。

客户在银行办理资金信托申购时，必须开立银行卡。资金信托产品到期后，资金划回银行卡，此时可以通过银行理财产品留住客户。

（4）房地产开发贷款下游企业的链式营销

营销对象：建筑公司、建材企业等。银行的房地产开发贷款一般要求封闭运作，房地产公司的资金首先支付给建筑设计院、建筑公司，再由建筑公司支付给各类建材生产及流通企业，银行按照其资金流动做链式营销。

营销产品：建筑设计院、建筑公司、建材生产及流通企业传统的负债业务；建筑公司中间业务（主要为建筑施工企业的全额保证金项下保函业务，包括投标保函、承包保函、预付款退款保函、工程维修保函等）；建材生产及流通企业的结算业务（主要为各类承兑汇票、保函等）。

营销手段：主要依靠房地产公司在其中的核心地位进行关系营销，配合以理财服务及必要的资产业务。银行一般要求和开发房产有关的建筑设计院和建筑公司在银行开户，发生日常的结算业务。由于建筑公司存在大量的保函业务，而相当部分的保函通过缴纳全额保证金开立，因此应重点营销该类产品。同时对于建材类生产及流通企业，主要通过银行的结算网络提供服务。

（5）向住房公积金管理中心提供的金融服务

银行向住房公积金管理中心提供的金融服务包括代理公积金业务和代理公积金贷款业务。

住房公积金是指国家机关、国有企业、城镇集体企业、外商投资企业、城镇私营企业及其他城镇企业、事业单位、民办非企业单位、社会团体为其在职职工缴存的长期住房储金。职工个人缴存的住房公积金和职工所在单位为职工缴存的住房公积金，属于职工个人所有，用于职工购买、建造、翻建、

大修自住住房，任何单位和个人不得挪作他用。

住房公积金由委托办理住房公积金金融业务的商业银行办理贷款、结算等金融业务和住房公积金账户的设立、缴存、归还等手续。职工购买、建造、翻建、大修自住住房，离退休，出境定居，偿还购房贷款本息，房租超出家庭工资收入的规定比例以及完全丧失劳动能力，并与单位终止劳动关系的职工，可以提取住房公积金。缴存住房公积金的职工，在购买、建造、翻建、大修自住住房时，可以向住房公积金管理中心提供住房公积金贷款。

代理公积金业务及代理公积金贷款业务基本集中在国有银行，可以通过营销各区域公积金中心，获得代理权。

（三）房产交付阶段

1. 实务流程

房地产企业交付房产给购房个人及单位，部分个人通过二手房中介转让房产，房产最终在消费者处实现价值。

2. 资金流程

购房客户支付房款，销售款回笼，房地产公司用于归还贷款；购房客户支付住房维修基金给住房维修办公室；部分需要办理按揭的购房客户，按揭贷款置换了房产开发贷款，购房客户按月归还按揭贷款。银行对符合条件的二手房客户提供按揭贷款。

3. 产品指南

（1）住房维修基金：营销对象为小区住房维修办公室，营销产品为传统的负债业务和理财性质的现金存款账户，营销手段主要依靠传统的关系营销和理财服务。该类账户的存款数额较大，开户行稳定性强。

（2）二手房按揭贷款：银行主要营销“房地产开发贷款＋个人住房按揭贷款”，采取封闭业务运作模式，积极营销实力强、资质高的房地产开发企业，对其开发的大型住宅项目提供房地产开发贷款，与个人住房按揭贷款捆绑封闭运作。此操作模式保证了风险从单一的房地产开发商转移到数额众多的购房户，有效地分散了风险。通过对下游行业的介入，通过对资金流的控制，既能有效地增加业务深度，实现产品交叉销售，又大幅度增加银行的客户资源，提高整体收益水平。同时由于房地产金融的特殊性，金融创新不断，推广“资金信托计划＋个人住房按揭贷款”、“房地产开发贷款＋资金信托计划＋个人住房按揭贷款”捆绑封闭运作营销模式。

【案例1】　长沙市保障房建设发展有限公司授信方案

一、企业基本情况

长沙市保障房建设发展有限公司由四家市级单位共同出资设立，这四家单位分别是房地产管理局（公房管理中心）、国土资源局（土地储备中心）、交通集团和城建集团。该公司，整合保障房的规划、融资、建设、管理等多个环节。

二、此次提供授信的具体项目情况

江宁上坊北侧地块位于长沙市上坊老镇北侧，总用地面积113公顷（其中建设用地65公顷），规划总建筑面积约166万平方米（其中住宅面积约144万平方米）。配建幼儿园4所、小学1所、初中1所、1个居住社区中心及4个基层社区中心、公交首末站1处、变电所1处、雨水泵站1处、垃圾中转站1处。

总投资约65亿元（不含中低价和普通商品房），其中前期拆迁费用为8亿元（含征地费用2.2亿元，拆迁费用5.8亿元）。

三、银行提供授信方案

授信方案操作流程如图3－5所示。

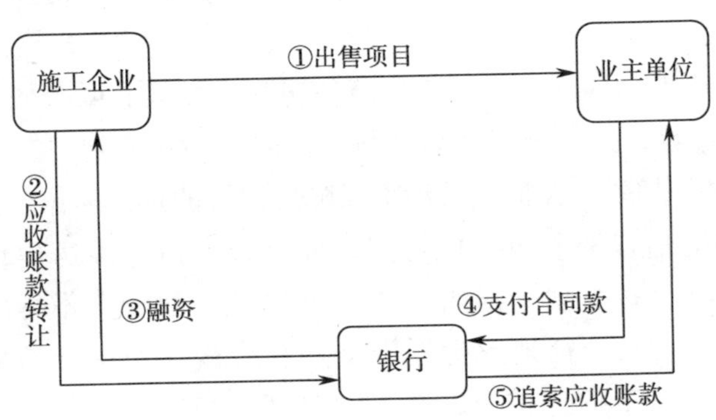

图3－5　授信方案操作流程

1. 授信的优势

银行授信用于上坊项目的前期征地拆迁，总投资8亿元，自有资金20%已到位，还款来源为未来的经济适用房销售（销售不成问题），信贷资金实施封闭运作，风险相对可控。

2. 授信的劣势

（1）项目总投资较大，自有资金比例20%，银行融资80%，对银行贷款的依赖性较大；

（2）由于项目工期比较紧张，公司对整体项目的资金平衡预算不够详细；

（3）区域内土地涉及农用地，需报国务院及省级土地主管部门审批，由于工期较紧，用地手续不完善。

3. 授信品种及期限

流动资金贷款6.4亿元，期限为2年。

4. 还款来源

（1）普通商品房的土地出让金收入（约6.5亿元）；

（2）区域内经济适用住房的销售预付款；

（3）河西指挥部土地出让金补偿25亿元（已通过市政府2010年第53号会议纪要）；

（4）长沙市房产局“长沙市廉租住房保障专项资金”可提供回购，该项基金已筹集15亿元。

5. 风险缓释措施

（1）长沙市城市建设投资控股（集团）有限责任公司提供连带责任担保。

（2）长沙市专门成立“长沙市保障住房建设发展有限公司”来统一全市的政策性住房建设，这在全国尚属首例，同时长沙市政府专门成立了“长沙市保障房建设指挥部”，保证了长沙市保障房建设的规范运作。

（3）加强对信贷资金的专户管理，要求长沙市保障房建设发展有限公司负责的三个项目资金独立封闭运作，各项目之间资金不得混用，确保银行针对上坊项目发放的征地及拆迁资金用途合规。对于征地资金，直接支付给国土部门；对于拆迁资金，要求具体拆迁实施单位在银行开立专户，拆迁资金封闭运作，保证拆迁资金必须支付给被拆迁单位，确保资金不被挪用。

（4）与长沙市房产局做好沟通，及时把握该项目的进展，及时了解保障性住房建设过程中可能出现的问题，对涉及银行信贷资金安全的情况及时进行化解。

（5）长沙市房产局单独向银行出具还款承诺函。若借款人因任何原因发

生到期无法偿还银行贷款本息的情况时，由市房产局对项目进行回购，回购款项用于偿还银行贷款本息，回购金额必须覆盖银行贷款本息及相关费用。长沙市房产局回购资金为“长沙市廉租住房保障专项资金”。

【点评】

各地保障性住房建设工作量极大，银行可以将保障性住房融资作为重要的切入点，针对各地的保障性住房建设主体提供融资，银行提供融资切忌只关注借款人本身，还应当考虑上游的施工企业和材料供应商。

【案例2】　邯郸华电通达电力技术开发有限公司融资方案

一、企业基本情况

邯郸华电通达电力技术开发有限公司注册资金500万元，是电力这一垄断行业的专业技术工程公司。该公司业务以“电力供应”和“能源环保”为核心，构建安装和运营两大业务板块，业务范围涵盖电力工程安装，供暖和制冷工程安装，冷热电三联供等技术咨询，节能产品代理销售，以及节能诊断、节能改造、节能监测、安全性评价、新能源研发等。公司坚持产业互动，形成了主业突出、多元发展、协同共生、持续成长的产业集群。

该企业产业链情况分析如表3－1所示。

表3－1　产业链分析

供应渠道分析			
序号	前三名供应商（按金额大小排名）	金额（万元）	占全部采购比率（%）
1	邯郸北开电气股份有限公司	430	20
2	广东南粤电气有限公司	408	19
3	昆明赛格迈电气有限公司	184	9
华电通达公司的原材料供应商均为电力行业内较为知名的正规供应公司，价格稳定，质量有保证			

续表

销售渠道分析			
序号	前三名销售商（按金额大小排名）	金额（万元）	占全部销售比率（%）
1	中证配电室项目 （邯郸中证房地产开发有限公司）	5 500	59
2	万亨配电室项目 （邯郸万亨房地产开发有限公司）	1 865	20
3	华远盈都配电室项目 （邯郸华远盈都房地产开发有限公司）	940	10
华电通达公司直接面对客户，其销售的产品基本就是其所做的工程项目，主要是房地产开发等需要的新建电力工程项目。由于电力行业的垄断性，承接工程多，利润丰厚			

二、银行提供的授信方案

贷款用途：邯郸华电通达电力技术开发有限公司因业务需要，购买邯郸国兴嘉业房地产开发有限责任公司开发的“国兴观湖”项目二期（南区）S1号公寓楼中的8、9层共两层房产，面积2 779.12平方米，房价共计28 315 284.11元，首付六成，由自有资金支付（资金来源是公司待分配利润、结转工程利润等），在银行办理四成1 100万元期限5年的按揭贷款，待取得产权证后转为房产抵押，并由开发商提供全程担保。贷款以其自有资金、销售收入作为还款来源。

表3－2　授信方案

额度类型	内部授信额度		授信方式
授信额度（万元）	1 100.00		授信期限（月）
授信品种	币种	金额（万元）	保证金比例（%）
法人客户商业用房按揭贷款	人民币	1 100.00	5.00
贷款性质	新增	本次授信敞口（万元）	
担保方式及内容	保证人：邯郸国兴嘉业房地产开发有限责任公司；抵押物名称：“国兴观湖”项目二期（南区）S1号公寓楼8、9层		

【案例3】　上海言必行书报刊发行有限公司法人商用房按揭贷款授信方案

一、企业基本情况

上海言必行书报发行有限公司注册资金为2 000万元，属于中型规模企

业。该企业在行业内部具有较强的竞争力，与众多知名出版社签订了图书包销协议，为其唯一包销发行商。该公司发行的多家期刊有几十年的历史，其发行的工具书和教育类丛书长期以来被教育界认可，受到广大师生的欢迎，销售有保障，良好的销售渠道给企业每年带来了稳定收入来源。借款人经营的图书、期刊产品为高利润行业，毛利占25%以上，净利润达8%以上，其产品主要为图书及期刊，销售收入为126亿元，主营业务利润为3 264万元，净利润为1 322万元。公司自身现金流非常好，足以应付现有的日常经营，同时与现有银行合作良好，很难切入。

二、银行提供的授信方案

中国企业普遍有自己置业想法，租用房子总是觉得寄人篱下，同时，白白将租金交付他人，总是觉得心不甘。因此，中国企业购房非常普遍，银行应当非常重视该项业务。相对于流动资金贷款，此项业务不但风险可控，而且还可以通过按揭贷款，锁定企业的销售资金回流。

企业就如我们每个人一样，有了自己的房产，才算"安居"，才能"乐业"。除非万不得已，不会让银行拍卖自己的房产。

企业现在租写字楼办公，每年要付80万元，租金成本较高。鉴于上海房地产不断上升趋势及公司决定长远发展的打算，可以劝对方购置房产，银行提供融资。银行建议通过自置办公用房省去以往租赁支付的租金，同时实现主业书报发行与分享中国房地产升值的双重利润。该公司负责人生于20世纪70年代，头脑灵活，听了银行的建议后非常赞同。××银行趁机介绍本行的重点按揭项目——上海朝阳区新天地大厦，企业考察后决定购买。

新天地大厦地处朝阳区，项目地理位置优越，周边商业氛围良好。该项目在银行已经获得了1亿元按揭额度，由开发商上海信源基业房地产开发有限公司提供阶段性担保。所购房产12 337元/平方米的均价属于合理价格，抵押物贬值的可能性较小，50%的抵押率应当可以保障银行的利益不受损失。

银行的风险控制措施：

（1）要求借款人以公司法人名义投房屋财产综合险，保险第一受益人为银行。

（2）要求开发商做阶段性担保，并缴纳5%的保证金。

（3）分户产权落实后，做抵押登记。

（4）做强制执行公证。

【点评】

企业竞争力非常突出，经销的图书、期刊有较好的市场知名度，主业较为扎实，符合银行的客户选择。

上海房地产价格多年来一直处于上升趋势，因此，借款人购置的房产未来贬值的可能性很小，且项目地理位置优、品质较佳、变现性较好。中国未来房地产行情看好，通过分期还款自置物业对于中小企业来说是一个较好的选择。

风险控制措施得力，通常法人按揭贷款风险度较低。企业购买自营商业用房，用自身经营产生的现金流分期偿还贷款，对企业而言，每期偿还贷款金额不大，企业偿还压力适中。通过按揭贷款，可以有效地将客户的结算资金吸引到本行。

法人商用房按揭贷款

【产品定义】

银行发放的、用于借款人购置自营商业用房或自用办公用房的中长期按揭贷款，借款人以经营收入分期偿还银行贷款的一种贷款业务形式。

【办理条件】

1. 借款人为经工商行政管理机关核准登记并按规定办理年检手续的企（事）业法人，经营管理规范，财务状况良好。
2. 有贷款证（卡），在本行开立基本账户或一般账户。
3. 能提供贷款人认可的有效担保。
4. 有购买商业用房或办公用房合同或协议。
5. 所购商业用房或办公用房价格合理、品质较佳。
6. 符合贷款人要求的其他条件。

【业务流程】

1. 借款人选定房产，并与银行洽商贷款事宜。
2. 银行委托中介机构对房产评估，对售房企业核定担保额度。

3. 售房企业缴存房价款5%左右的保证金，并与银行签订担保协议，银行同时与借款人签订贷款协议。

4. 银行发放贷款，并划入售房企业账户。

5. 借款人分期偿还银行贷款本息。

【贷款期限和利率】

1. 贷款期限最长不超过10年。

2. 贷款利率按中国人民银行有关规定执行。

【产品优势】

可以为企业提供购房的长期资金，解决其长期需要。

【案例4】　宏大地产集团有限公司融资授信方案

一、企业基本情况

宏大地产集团有限公司位列民营企业前10强，中国民营企业前20强。公司主要管理人员均由集团委派，具有很强的专业知识和丰富的开发经验。凭借集团的10年开发经验和集团优秀的专业研发团队，该公司从前期土地储备、产品定位、设计营销、后期客服均得到了集团的大力支持。

权证相关说明：

1. 土地使用证：包括A组团用地（占地面积约23 333平方米）和部分E组团用地（占地面积7 056.8平方米），两块合计占地面积30 389.8平方米，对应一个土地使用证。

2. 建设用地规划许可证：该证件是整个宏大华府项目的建设用地规划许可证，面积169 770.8平方米。

3. 建设工程规划许可证：包括A组团建设的8栋11层的板式小高层住宅（10～13号楼、16～19号楼,）和3号地下车库，共计70 786平方米，同时也包括了B组团建设的2栋11层的板式小高层住宅（23～24号楼）和小区会所，共计20 671.4平方米。

4. 建筑工程施工许可证：包括A、B两个组团的建设施工许可证，共计187 505.05平方米。

表3－3列出了宏大华府各项目的单价和总价。

表3-3　宏大华府各项目建筑成本

项目	计划值	
	金额（万元）	每建筑平方米均价（元）
1. 土地成本	4 866.75	687.53
2. 各项政府收费	1 777.52	251.11
2.1 大市政配套费（住宅建设配套）	1 344.93	190
2.2 人防费	212.36	30
2.3　规划及审查费	141.36	19.97
2.4 工程招标监理等费用	38.52	5.44
2.5 其他	40.35	5.70
3. 前期投入费用	2 620.63	370.22
3.1 规划设计可研费	543.15	76.73
3.2 土石方工程费	1 280.50	180.90
3.3 勘探测量费	325.89	46.04
3.4 高压线迁移费	274.30	38.75
3.5 工程咨询费	3.54	0.50
3.6 施工道路，用水用电	51.68	7.30
3.7 其他费用	141.57	20
4. 建安工程费	10 863.02	1 534.63
5. 基础设施配套费	1 003.32	141.74
6. 开发期税费	3 064.80	432.97
7. 不可预见费	89.58	12.66
8. 开发成本（建设投资）（1～7项之和）	24 285.62	3 452.15
9. 开发费用	2 499.41	353.09
9.1 管理费	325.89	46.04
9.2 销售费用	380.72	53.78
9.3 财务费用	1 792.80	253.27
10. 总成本（开发建设总投资）	26 785.03	3 783.92

二、银行提供的授信方案

1. 贷款用途

提供1.2亿元房地产开发贷款，用于“宏大华府”A组团的开发，期限最长24个月，担保方式为宏大地产集团有限公司提供全额全程连带责任担保和A组团项目土地抵押（预售证办理以后转为在建工程抵押）。

2. 还款方式为多次还款

按照银行开发贷款封闭管理，当项目达到预售条件以后，按照销售回笼

资金的50%每半年归还一次开发贷款。

投入宏大地产集团有限公司开发贷款1.2亿元，用于A组团建设，该项目有3.8亿元的销售收入，预计银行可以做2.4亿元的按揭。

三、银行收益

1. 1.2亿元的开发贷款，利率7.47%，银行一年利息收入为896万元。

2. 宏大地产集团有限公司在银行开立收入监管账户、结算账户、支出监管账户、保证金账户，销售资金回笼到银行，项目A组团的销售收入进入银行进行监管，日均存款3 000万~4 000万元。

3. 除工程结算以外，公司同意在银行支付开立一定全额银行承兑汇票支付工程款。

【点评】

银行对开发商提供封闭的开发贷款，采取使用按揭贷款封闭归还开发贷款的模式，整个过程随着房产销售的实现而封闭自偿。

【案例5】　信利投资控股集团有限公司经营性物业抵押贷款

一、企业基本情况

信利投资控股集团有限公司原名恒逸房地产开发有限公司。信利世贸商城是以经营服装、小商品为主的超大型批发市场，交易的商品包括服装、鞋业、日用百货等超过10万种。借款人采取出租场地收取场租的方式经营，主营业务收入为信利世贸商城的租金收入，租金由集团下属的控股子公司信利世贸商城管理有限公司及北京天海联国际商贸有限责任公司代收。

信利世贸商城的A座、B座和C座总出租面积18.3万平方米，出租率已接近100%，纯租金收入5.1亿元；D座出租面积9万平方米，纯租金收入9 800万元。商城物业管理费为1元/（天·平方米），年物业管理费收入约1亿元。

该公司预计实现收入5.72亿元（不含税），利润总额2亿元，由于商城出租率较高，租金及管理费收入稳定，因此公司整体发展前景乐观。

综上，借款人经营的信利世贸商城出租率接近100%，各承租人经营情况良好，能够按时交纳租金，借款人经营良好，现金流充裕。

二、银行提供的授信方案

民生银行发起银团贷款，授信业务品种为经营性物业抵押贷款，共计28亿元，其中民生银行13.5亿元，兴业银行5亿元，华夏银行2亿元，深发展银行1.5亿元，大连银行3亿元，南京银行3亿元，银团牵头行是民生银行，期限10年（含2年宽限期），利率同期基准利率上浮5%，以商城一期A座、B座和C座全部房产作抵押，抵押物评估价值68亿元，并追加借款人股东提供无限连带责任保证。银团贷款用于置换原有25.1亿元贷款（其中民生银行17.1亿元，中信信托3亿元，兴业银行5亿元）。还款来源是信利世贸商城物业经营收入。

某银行承诺3亿元贷款，用于加入银团，置换民生银行贷款。贷款收益：按照每年3亿元日均计算，10年期利率上浮5%，为6.237%，扣除FTP、拨备和资本占用费后每年可获得收益240万元。

三、风险控制

经分析，该项目租赁合同主要条款完善合理，有利于维护合同双方的权利和义务，没有发现对银行贷款安全性存在不利影响的条款，部分租赁合同为长期租约，长期租约有利于保证商城收入的稳定性，但对商场调整商户结构及资产处置的便利性有一定影响。

随着商业地产的不断培育，北京木樨园地区周边环境和配套设施的改善，地铁线路的延伸，未来的收入还将持续增长，能够为经营性物业抵押贷款提供稳定的还款来源。该项目产权清晰，无法律纠纷，抵押物有保障，抵押率符合某银行有关规定，并有实力雄厚的股东提供担保。

【点评】

本案例中，银行采用经营性物业抵押贷款介入大型的商业房地产开发商。这类房地产开发商持有的物业往往地处较为优质的区域，商业价值非常高，银行可以提供10年期的经营性物业抵押贷款介入。

经营性物业是指已竣工验收并投放商业运营，经营管理规范、现金流量充裕、合法租赁且综合收益较好的商业营业用房和办公用房，包括商场、商品交易市场、写字楼、星级宾馆酒店、综合商业设施等物业形式。

经营性物业抵押贷款是指银行向具有合法承贷主体资格的经营性物业所有权人发放的，以其所拥有的物业作为贷款抵押物，并以该物业的经营收入进行还本付息的贷款。

经营性物业抵押贷款可用于借款人合法合规的资金需求，包括但不限于物业在经营期间维护、改造、装修、招商等资金需求以及置换该物业建设期的银行贷款、股东借款等负债性资金和超过项目资本金规定比例以上的资金，不得用于国家明令禁止的投资领域和用途，不得用于偿还银行存量不良贷款或违规贷款。

撬动高收益房贷业务的产品营销之道

银行个贷利率政策调整为个人房贷利率按不低于同期同档次基准利率执行，其他个贷的利率上浮幅度不得低于10%。对于首套房贷利率政策相较他行为0.85倍，个别行甚至是0.7倍来说，在业务竞争中处于劣势，那我们该如何发展房贷业务呢?

给出的答案是，确定客户群体，细分产品，提供差异化服务方案，打造银行房贷业务。

银行住房贷款的利率政策是首套基准利率，二套按上浮10%执行。他行首套按不低于0.7倍或0.85倍执行，二套按上浮10%执行。

分析：首套住房利率政策银行不占优，二套房贷利率政策与他行相当，且收益高，风险资本占用少，客户群体优，应将其作为住房贷款业务的主要营销目标。

一般来说，客户购买第二套住房时，普遍存在一个问题，就是首付比例高，达到房价的50%以上，如购房后的装修，添加或更换汽车的资金将会被首付款所占用，使客户正常的消费需求得不到满足。

“组合贷款”可以授予住房贷款客户最高80%的授信额度，如借款人购置第二套住房后，住房贷款使用50%，另外30%的额度可用于交房后的房屋装修或添置汽车等需求，并实现产品的交叉销售。

将“组合贷款”作为主产品，联动其他个人金融产品，如装修贷款、汽车消费贷款、信用卡、存贷通等，为购置第二套住房贷款的借款人设定融资方案，满足客户需求，锁定客户，并提升业务综合收益水平。天津分行很好地利用了这一产品的营销优势，在2010年下半年，共计办理循环贷款业务126笔，授信额度11 625.8万元，贷款余额为9 842万元，取得各分行循环贷款增量中位居第一，住房贷款增量排名第十的好成绩，很好地推动了其住房贷款业务发展，并保证了其个人资产业务的收益水平。

【营销小经验】　零售经营性物业抵押贷款营销分析

一、深度挖掘市场情况

➢ 银行及同业网点的挖掘：银行及他行营业网点的这种优质租赁户，首先进行逐一调查和营销。

➢ 本行客户的深度挖掘：在本行办理个贷或其他业务的客户，进行深度挖掘，采用组织贷款客户、VIP客户参加产品推广活动。

➢ 商业地产开发商及当地房管局：抓源头，批量获得物业及物业所有人的信息，进行筛选和挖掘。

➢ 物业管理公司及中介机构：如经纪公司、评估公司等中介机构，通过其手中掌握的物业和客户的资源，获得银行需要的客户。

➢ 扫商铺：圈定商业气氛浓厚的重点地区，采用“扫商铺”的方法，对优质商户逐一进行营销。

二、审时度势提供授信方案

在不断开拓营销的同时，分行还应积极对已办理的业务进行认真梳理，寻找规律，开阔思路，寻求业务有更大的发展空间。在这个过程中我们发现，部分客户没有及时领用审批通过的额度贷款，贷款额度并没有即时的用途，呈现“只开花不结果”的局面。而另一部分投资房产的客户则大不同，首先客户投资房产资金需求量大且用途明确，其次客户有盘活已有固定资产不断扩大自有资产的需求，在大政策的影响下住宅投资变难了，但是还有商业用房（写字楼、商铺）固定资产投资的客户群已形成习惯，他们会继续投资房产等固定资产，银行的经营性物业抵押贷款产品恰恰满足了客户需求，引导客户巧用银行贷款实现“0付款购房概念”，即先利用经营性物业贷款作为购

房首付款，再利用银行房屋按揭贷款支付其余部分房款。

由此一条全新的营销思路渐渐清晰起来，即从贷款用途中寻找客户，将经营性物业抵押贷款产品与银行房屋按揭贷款产品进行有效地组合销售，使两个产品优势互补，不但大大提高单笔贷款金额，同时解决了经营性物业抵押贷款及时发放问题，其他优势也显而易见。

【点评】

（一）产品优势互补

经营性物业贷款借助银行房屋按揭项目（以商业楼盘为主），准确寻找目标客户，使该业务摆脱散兵游勇时代，实现批量营销。同时，房屋按揭产品依靠经营性物业贷款为客户策划“0首付款购房”方案，在与他行竞争中取得优势，能争取新的项目或从已有项目中争取更多客户。

（二）促进楼盘销售

在高档商业楼盘特别是商铺的销售中，首付五成高达200万元以上，总价在500万元以上的物业很多，而购买这些物业的通常是投资类客户，他们有很多的房产，这中间不乏优质商铺，但他们的问题是固定资产雄厚，现金流不太充裕，使他们的购买力下降，我们要鼓励楼盘销售人员用银行这款产品吸引客户，这样通过银行的产品提高了销售的业绩，自然也更加促进了银行与开发商的合作关系。

（三）增强客户忠实度，风险更加可控

客户一旦采用这种新的贷款模式，即可感受到“0首付款购房”的优越性，容易接受银行各种产品交叉营销，从而增强对银行的忠实度，银行也能更好地把控客户，有效降低风险。此外，客户还会口口相传，迅速树立银行品牌形象，新客户慕名而来，提高业务来源。

针对与投资型客户“0首付款购房”融资贷款模式，有以下几笔特点鲜明的成功案例与大家分享。

1. 某客户申请了银行经营性物业抵押贷款400万元，期限为12年，抵押物为某大厦底商，面积200平方米，抵押物价值790万元，年租金70万元用于购置银行按揭项目首付。随后该客户又向银行申请按揭贷款400万元，实现了“0首付款购房”概念贷款，客户对银行提供的融资方案十分满意，另外也帮助了售楼小姐成功出单。销售总监得知后将大批按揭客户推荐到银行。

2. 资深投资专家王先生名下有多套住宅及2套商铺，不久前看好一处某高档写字楼做投资，总价800万元，由于首付资金不足有些犹豫，恰好该项目是银行进驻的按揭楼盘，银行客户经理从售楼小姐口中得知这一情况，为客户设计了“经营性物业贷款首付+商业地产按揭贷款”。

3. 借款人王女士，几年前曾投资购买某大厦写字楼，将其出租给华夏银行营业部作为办公用房，年租金120万元，几年间就还清银行贷款，期间还投资了其他房产，现向银行同时申请了经营性物业抵押贷款和商用房按揭贷款，用于购买银行商用房按揭项目的临街旺铺，两个贷款品种的金额和期限分别是600万元/12年、300万元/10年，抵押物为写字楼6层，面积477平方米，评估价值1 200万元，客户同样享受到”0首付款购房”融资方案。

【案例6】　天津市市政工程设计研究总院融资方案

一、企业基本情况

天津市市政工程设计研究总院具有市政公用行业、公路行业（公路、特大桥梁、特大隧道及交通工程）、建筑行业（建筑工程）、水利行业（城市防洪）、风景园林的工程设计甲级资质，以及工程咨询、工程造价咨询、市政基础设施工程施工图设计文件审查机构、工程测量、工程监理等甲级资质，同时还具有工程招标代理资质、对外经营权和进出口经营权，是全国最具实力的市政工程设计研究单位之一。

二、银行提供的授信方案

银行提供5 000万元非融资类保函业务，主要包括履约保函、预付款保函、投标保函，担保方式为信用，保证金为零。

【点评】

施工企业提供的授信产品最经典的就是各类保函，银行客户经理要高度重视保函工具，提供投标保函和履约保函等，同时可以根据客户的采购需要，提供银行承兑汇票。

【案例7】　房山世言园林股份有限公司保理融资授信方案

一、企业基本情况

房山世言园林股份有限公司是集设计、施工、苗木、运营、养护全产业链发展的城市景观系统运营商，下辖景观设计、景观工程、苗木产品、养护、主题公园投资等多个业务板块。其中，设计集团拥有 EDSA－东方、东方利禾、东方艾地、东方尼塔四个著名设计品牌，景观工程板块拥有北方、华中、西南、度假景观四个事业部。

二、银行提供的授信方案

银行提供的保理融资授信方案操作流程如图 3－6 所示。

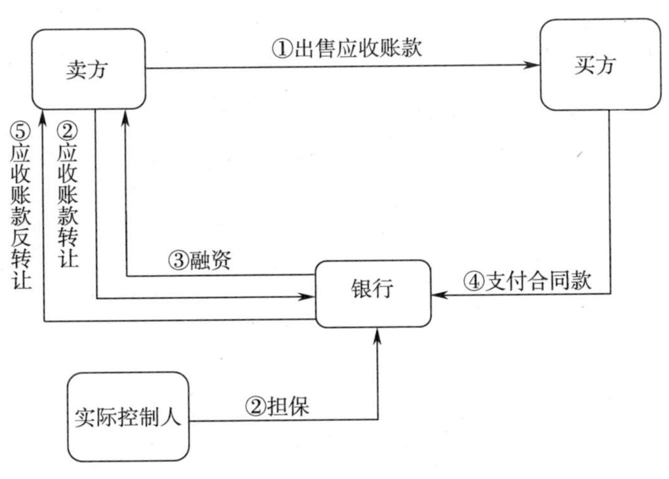

图 3－6　保理融资操作流程

银行提供综合授信额度1亿元人民币，用于应收账款保理、工程保函等，期限为1年。

该笔综合授信的担保方式为信用担保，同时公司实际控制人提供连带保证担保责任。

【点评】

大型园林公司属于银行营销保理业务的黄金客户群体，大型园林公司下游为大型的地方城投企业，银行可以将大型园林公司的应收账款买入。园林行业利润率极高，保理定价可以给银行贡献非常可观的回报。

第四篇　房地产中介公司授信方案篇

零售业务经营的思路是从房贷业务到交易资金托管、储蓄等一系列组合营销。大型房地产中介公司是银行拓展二手房贷款和零售存款的黄金客户群体。

【案例1】　世联合作拓展存款案例

一、企业基本情况

世联地产有限公司是以地产中介业务为核心、全国化发展的房地产综合服务体，囊括地产、金融和商业三个部分，业务范围涉及房屋全程代理、房屋租赁、房屋买卖、豪宅租售、“央产房”上市交易、权证办理、按揭贷款、房地产投资咨询、商铺租售、写字楼租售及商品房、空置房、企业债权房销售代理等。公司立志成为国内在住宅地产经纪、金融按揭服务和商业地产服务方面的领跑者。

二、银行授信方案

某银行一直在对周边零售市场进行营销，紧紧围绕社区抓客户，凭借着银行的区位优势和深入细致的调研工作，努力掌握区域零售市场情况。

成都锦城地区已建成商品房总面积约250多万平方米，是全市商品房较为集中的一个区域。锦城地区常住人口约30万人，且结构呈多样化，为银行开展房地产业务提供了潜在的市场。房产已成为普通家庭和个人财产中比重最大的一项资产。与一手房相比，二手房交易市场十分活跃，交易资金量比较大。

银行通过持续不断地社区走访、联谊活动等形式对所在区域进行细致调研和深入分析，积极开展零售业务的营销。通过不断积累拓展经验，逐步明确了“以客户房产为中心，开展综合零售业务”的发展思路。

（一）开拓市场抓渠道，强强联手业绩棒

1. 知己知彼，百战不殆

经过最初的一系列营销尝试，银行意识到二手房业务要想取得规模效益就必须走批量营销的路子，良好的合作渠道必不可少，于是围绕这个重点银行针对市场上的房地产经纪公司及担保公司展开细致调查，通过对比市场占有率、服务质量等诸多因素，最终确定以世联地产为营销目标，主动出击，

全力攻坚。

2. 绝不放弃，贵在坚持

世联地产是业内最大的房地产经纪机构，也是各家银行机构竞相争夺的合作对象。为争夺优质房地产中介机构，各家银行纷纷展现自己的优势特色。银行以特色产品方案打动客户，紧盯不舍，通过不断改善服务，提高流程效率，努力促成客户二手房交易简便顺畅，最终赢得了世联地产的信任，接单量逐渐增多。

3. 突出重围，挖掘“SPECIAL”

银行在日常业务受理过程中发现，由于二手房买卖双方对交易资金的划转相互缺乏信任，加大了中介机构的工作量，延缓交易时间，中介机构希望有一家银行能从中承担资金托管的业务。经过仔细测算，发现其中潜藏着较大的市场需求量。

为了进一步加深与世联地产的合作，全面提高银行品牌形象和服务意识，银行各个部门及时帮助银行梳理流程，修订业务细则，与世联地产有物理距离优势的分行及时支援。二手房业务办理网点的开通，极大地方便客户办理开卡及交易资金托管业务，使银行在世联的市场竞争力大幅增强，业务规模也不断扩大。年底业务高峰时，银行平均每天办理交易资金托管 2 000 万元，两年累计办理交易资金托管 50 余亿元，带动储蓄增长 10 亿元。凭借二手房交易资金托管业务，银行成功拉动了储蓄增长，位居分行新增储蓄量排行榜的首位。

（二）业务流程要顺畅，服务效率是关键

1. 现场审批，效率第一

成都二手房交易持续升温，世联地产的日成交量也节节攀升。贷款业务的办理效率直接影响着房屋交易买卖双方过户的速度，因此，哪家银行的批贷速度快，哪家银行自然成为客户的首选。为了最大限度地服务客户，提高业务办理效率，同时尽可能提高银行在世联的市场占有率，银行积极与成都分行个贷审批中心沟通现场审批的可行性。经过多方面努力，银行个贷审批中心在审批人手少、面对银行多的情况下，克服困难调剂人员，采取风险经理派驻现场、实时沟通、现场审批的措施，极大地节约了业务办理的审批效率。银行贴近市场、服务客户的决心赢得了世联业务专员和购房客户的认同，业务量迅速增长。

2. 流程优化，一站式服务

面对急剧增加的业务量，银行及时总结经验，不断梳理优化业务流程，并将构建“一个科学严密的业务流程”作为支持批量业务发展的基础。由于二手房业务较一手房业务更为复杂，针对二手房贷款长流程的操作特点，银行逐步明确了“分单初选→面谈面签→现场审批→整理报送→贷款发放→贷后管理”的全流程服务模式。特别是分单初选与面谈面签环节，初审个贷经理与面签个贷经理分工配合，各有侧重，极大节约了客户办理贷款的准备时间及面谈面签时间，服务效率大大提高。而资金托管业务则在开卡、签约、转账、冻结、解冻的多个环节实施交叉营销，一站式的服务大大节约了客户的奔波之苦，同时也增加了客户对银行的依存度。

（三）交叉营销结硕果，再接再厉再突破

开展交叉营销，扩大基础客户群，提高综合收益，是做好零售业务的有效手段。为此，银行紧紧围绕与二手房中介世联公司的合作，从提供二手房按揭贷款入手，通过优质和高效率的服务，争取交易资金托管业务，通过批量业务的开拓，实现了资产负债的比翼齐飞。

银行不仅仅在二手房资金托管，还在其他许多民间交易保证金、出国旅游保证金等资金托管业务方面也将继续开拓。银行的全体干部均积极准备，蓄势待发，他们将通过不懈的努力，不断扩大业务渠道和新的客户群，为迅速扩大零售业务规模不断努力。

该银行以 8.52 亿元的个贷投放额、4.55 亿元的个贷新增额成为该地分行唯一的双料冠军。同时，带动二手房交易资金托管 22 亿元，以及理财、保险等综合收益 200 余万元。

【点评】

不断创新是金融发展的源泉，日新月异的金融市场和逐渐丰富的民生需求将不断催生出新的市场机会。银行就是利用高度的市场敏感度，遵循市场规律，满足市场需求，不断创新，取得了客户的信任。零售业务经营的思路是从房贷业务到交易资金托管、储蓄等一系列组合营销。大型房地产中介公司是银行拓展二手房贷款和零售存款的黄金客户群体。

【案例2】　地产集团使用商业承兑汇票付款方案

一、企业基本情况

恒久房地产（集团）股份有限公司是中国恒久集团控股的大型国有房地产企业，也是中国恒久集团房地产业务的主要运作平台和国家一级房地产开发资质企业。国有房地产企业综合排名中，恒久地产实力位居榜首，并连续四年蝉联央企房地产品牌价值第一名，公司品牌价值达90.23亿元，为中国房地产“成长力领航品牌”，获评房地产上市公司综合价值第一名，总资产已达409亿元。

二、银行提供的授信方案

本方案涉及产品主要是商业承兑汇票，此外还有买方付息、电子商票等。商业承兑汇票贴现为现金后，支付现金给上游企业；商业承兑汇票质押为银行承兑汇票后，支付银行承兑汇票给上游企业。

具体方案有以下三种。

（一）采购公司受托采购模式

1. 定义

采购公司与房地产集团公司或其下属项目公司（以下统称委托采购方）签订材料设备的采购合同；采购公司根据采购合同委托方要求向供应商购买材料设备并签订购销合同；采购合同委托方作为商业承兑汇票的付款人（承兑人）签发商业承兑汇票，交付采购公司；采购公司为银行授信客户且为商业承兑汇票收款人（贴现人），在银行办理贴现后，将资金划付给购销合同供应商（如图4－1所示）。

2. 操作要点

采购公司在银行取得授信后，持上述商业承兑汇票向银行提供贴现。

（1）贴现人需提供与委托采购方签订的采购合同和与供应商签订的购销合同以及相关发票。

（2）贴现资金入账后必须划入供应商签订的购销合同项下的供应商账户。

（二）采购公司受托支付模式

1. 定义

房地产集团公司或其下属项目公司根据自身项目材料设备需求与供应商签订采购合同；采购公司根据集团内部管理相关规定及采购合同，向供应商

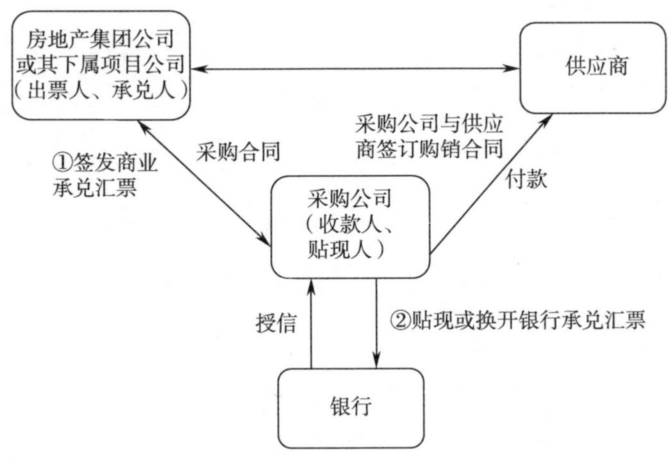

图4－1 采购公司受托采购模式

支付货款；房地产集团公司或其下属项目公司作为商业承兑汇票的付款人（承兑人）签发商业承兑汇票，交付采购合同；采购公司为银行授信客户且为商业承兑汇票收款人（贴现人），在银行办理贴现后，将资金划付合同供应商。

2. 操作要点

采购公司在银行取得授信后，持上述商业承兑汇票向银行提供贴现。

（1）贴现人需提供房地产集团公司或其下属项目公司与供应商签订的采购合同，以及相关发票。

（2）贴现资金入账后必须划入采购合同项下的供应商账户。

（三）采购公司直接采购模式

1. 定义

采购公司根据年度项目采购需求制订采购计划，与供应商签订购销合同；采购公司取得银行授信后，作为商业承兑汇票的付款人（承兑人）签发商业承兑汇票，交付供应商；供应商作为商业承兑汇票收款人（贴现人）在银行办理贴现，供应商可以直接贴现，也可以提供代理贴现（如图4－2所示）。

2. 操作要点

采购公司在银行取得授信后，开出商业承兑汇票，供应商持票向银行提供贴现，或提供代理贴现。

贴现人需提供与采购公司签订的购销合同以及相关发票。

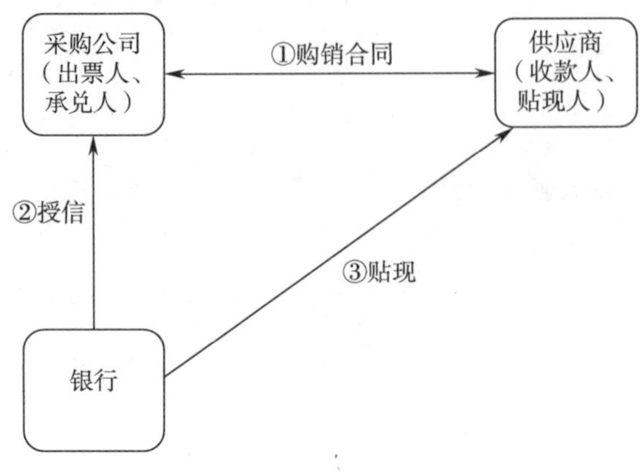

图 4－2　采购公司直接采购模式

【点评】

在“三法一指引”等政策出台的经济产业调控背景下，房地产开发企业的融资越来越规范，但也被更多的制约，传统开发贷款已不能完全解决全产业链各个环节对资金的需要。银行提出的将商业票据运用于地产行业集团客户下属采购公司贸易环节的商业模式，不仅突破了原有较为单一的产品模式，有针对性地满足客户的实际需求，而且可以将开发商的融资与建材设备贸易融资连接起来，从而使资金在银行内部形成产业链循环，提高了资金利用效率，从流程上防范风险，增加了负债业务、中间业务的机会，提高了银行收益。此种模式还将客户范围扩展至上游建材供应商，一方面提高了核心客户对银行专业服务的依赖程度，另一方面也为未来事业部间交叉销售奠定了基础。

为保证各地房地产项目的建筑及维修质量，进行标准化的管理，集团房企设立专职建材采购子公司。按照统一标准集中采购建材设备，以加强管理，控制工程质量，节约成本。

采购公司在采购时，可能需要垫付大量资金，因此有优化支付结算手段、拓展短期融资渠道的需求。而商业承兑汇票的运用恰好能够满足这一需求。且作为银行信贷及现金管理业务的延伸，丰富了金融产品，提升了专业品质。采购公司作为独立法人，独立经营结算，每年产生可观的利润。现有支付结算模式以现金为主，垫付采购会占用较多短期资金，降低了集团整体资金运营效率。同时，随着集中采购规模的增长，采购公司更加需要优化支付手段以及拓展短期融资渠道。

该案例中所采用采购模式有以下好处。

1. 满足客户采购环节中改善支付结算手段的需求。

2. 丰富银行金融产品，提升专业形象和影响力。

3. 银行通过票据保证金、备付款等形式拉动银行存款；通过转贴现，在不占用授信业务规模的情况下获得利差收益；增加结算量。

4. 通过票据业务吸引建材设备供应商等产业链上游企业在银行开展存款、结算、授信等各类业务、扩大客户范围。

5. 巩固银企关系，提高客户依存度。

第五篇　拆迁公司授信方案篇

城中村改造项目中拆迁资金的运作模式：拆迁资金由市城中村改造办拨给区城中村改造办；区城中村改造办委托街道拆迁机构；街道拆迁机构再通过村与个人、单位签订拆迁协议，并通过村支付拆迁资金。银行如果希望拓展大额的储蓄业务，就应该对拆迁项目给予更多的关注，因为拆迁项目带来的存款最为庞大。

【案例1】　深圳城投铁路站场迁建开发有限公司授信方案

一、企业基本情况

深圳城投铁路站场迁建开发有限公司是深圳市城市建设投资开发有限责任公司的全资子公司，而深圳市国有资产管理委员会作为深圳市政府出资人，对深圳市城建投控股100%，因此，迁建公司的实际控制人应为深圳市国有资产管理委员会。

二、银行提供的授信方案

银行提供的授信方案及该产业链的标准流程分别见表5－1及图5－1。

表5－1　授信方案

<table>
<tr><td colspan="7">深圳城投铁路站场迁建开发有限公司</td></tr>
<tr><td>授信方式</td><td>授信品种</td><td>币种</td><td>金额（万元）</td><td>保证金比例（%）</td><td>期限（月）</td><td>利/费率（%）</td></tr>
<tr><td>单笔单批</td><td>基建贷款</td><td>人民币</td><td>50 000.00</td><td>0.0</td><td>36</td><td>按规定</td></tr>
<tr><td>担保方式及内容</td><td colspan="3">保证人：深圳市城市建设投资开发有限责任公司；抵押物名称：国有土地使用权证</td><td>授信敞口（万元）</td><td colspan="2">50 000.00</td></tr>
</table>

1. 固定项目贷款

贷款用途：迁建公司此次向银行申请三年期5亿元的固定资产项目贷款，项目建设内容为深圳铁路南北站迁建工程捞刀河站改建工程项目。

担保方式：贷款担保采取由深圳市城建投提供阶段性担保＋迁建公司提供北站既有土地的国有土地使用权作为抵押物进行担保的混合担保方式。土

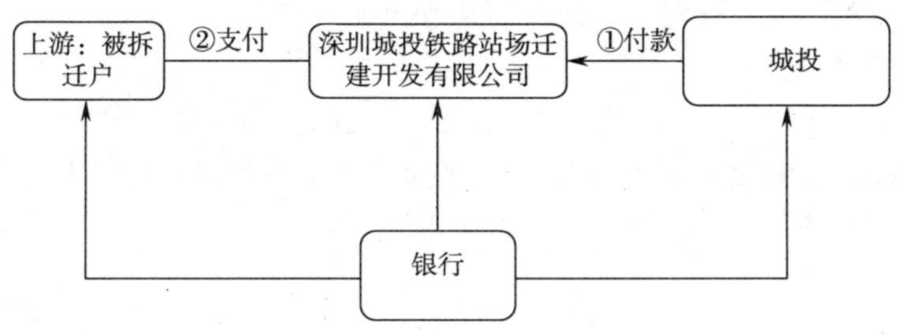

图5－1　产业链标准流程

地使用权证登记人为深圳铁路总公司，土地使用权证登记面积295亩，有效使用面积195亩，路幅面积100亩。迁建公司拟以上述三号宗地作为抵押物对银行贷款5亿元提供担保。由于该宗土地正在办理过户手续，即由深圳铁路总公司过户至迁建公司名下。银行考虑这一特殊情况，在贷款发放之后至抵押登记手续办妥之前，拟采取先由控股股东深圳市城建投提供阶段性连带责任担保，并同时与迁建公司签订抵押合同，由迁建公司出具承诺函。并在借款合同中约定，如迁建公司未在约定时间内办妥抵押登记手续，则视同借款合同项下贷款全部提前到期，借款人须无条件全部归还银行贷款本息。

还款来源：偿还贷款资金来源为处置铁路长南站、长北站和附属站线及其铁路单位红线范围内土地（约865.83亩）和设备实施的收益。

还款方式：采取到期一次性还本还款方式，贷款利息在贷款期限内按季度支付。

提款方式：按客户需求确定放款时间，分次或一次发放。

深圳城投铁路站场迁建开发有限公司作为深圳市政府指定的深圳市重点工程铁路南北站迁建项目的业主，组织资金垫付项目的拆迁、工程建设等资金。按照铁道部、湖南省政府、深圳市政府的相关批复和协议，以处置搬迁后南北站用地和设备的收益优先偿还项目银行贷款，第一还款来源可靠，其贷款用途符合国家产业政策，属于银行授信重点支持对象。项目委托方深圳市政府整体经济运行情况良好，政府债务在财政预算收入覆盖范围内，如第一还款来源不足，深圳市财政为该项目贷款提供代偿的能力强。项目贷款采取先由深圳市城市建设投资开发有限责任公司提供阶段性连带责任保证＋北站既有土地抵押的混合担保方式，第二还款来源有保障，可操作性强。银行同意为深圳城投铁路站场迁建开发有限公司提供三年期固定资产贷款5亿元，

用于深圳铁路南北站迁建工程捞刀河站改建项目建设。

2. 拆迁资金发放

银行可以积极联系拆迁办，争取拆迁农民的资金。这类资金往往金额大，沉淀时间较长。营销一定要尽早，争取拆迁办做被拆迁户的工作，让拆迁户尽早在本行办理银行卡，拆迁资金直接进入本行的卡中。

【点评】

该区将各项目拆迁安置资金区财政专户管理，专款专用，封闭运行。实施拆迁项目的镇、街道和部门，设立拆迁项目银行结算专户，按资金性质设置银行日记账、明细分类账、总分类账，进行专项核算，确保拆迁资金专项用于拆迁项目。

拆迁资金的运作模式：城中村改造项目，拆迁资金由市城中村改造办拨给区城中村改造办，区城中村改造办委托街道拆迁机构，街道拆迁机构再通过村与个人、单位签订拆迁协议，并通过村支付拆迁资金。银行如果希望拓展大额的储蓄业务，拆迁项目带来的存款最为庞大。

相关链接

工商银行台儿庄银行独揽古城重建拆迁补偿资金1亿元。

工行台儿庄“江北水乡，运河古城”建设第三期拆迁工程打响，此次拆迁500余户，大多为门市房，补偿额较大，补偿资金共3亿多元，除2/3的房主要求回迁外，其余直接补偿资金约1亿多元。对此，台儿庄银行认真总结前两期拆迁争揽补偿资金的经验，通过主动出击、沟通协调、优势宣传、全行联动等措施，争得了全部拆迁补偿资金的独家办理权。仅头三天，就办理补偿资金存款3 800万元，补偿工作正在紧张地进行中。

一是以人为本，主动出击，把握主动权。由于台湾街和箭道街大多属门市房，拆迁费用太高，原计划只进行外形改造，而10月下旬古城拆迁办突然公布将其拆除。消息即出，该行领导在第一时间造访区有关领导及区财政、古城管委会、拆迁办公室等负责人，广泛沟通协调，在人员优势、科技优势、

业务优势等方面进行宣传，经过不懈努力，争得了他们的支持，力排他行参与，该行争得独家开展拆迁资金的补偿工作。

二是上下联动，现场办公，提高办事效率。拆迁补偿工作户数多、金额大、时间紧、任务重，为妥善解决这一问题，上门服务、现场办公成为当务之急。古城拆迁办将补偿地点定在拆迁现场的一所回民小学内，据该行约一公里，而办理资金补偿开折手续涉及设备安装、网络线路、人员、安全等方方面面。因此，该行及时向市分行汇报，分行领导高度重视，科技、个金、内控等业务部门鼎力支持，为其配备先进的计算机设备和监控设备，及时与联通公司联系接通网络线路，使各营业设备快速安装调试完毕，为补偿工作提高了科技保障。

三是齐心协力，奋战现场，做好补偿服务。在古城拆迁补偿工作中，该行指派一名行级领导负责，网点主任亲自上阵，现场业务选派业务骨干操作，全行上下协同作战，不分八小时内外，休息日加班加点，使补偿工作有条不紊地开展，同时在补偿过程中，拆迁户购新房又需要交房款，该行又主动与建房方联系开户，收缴房款，使补偿款不外流，提高了补偿资金的留存率。

【案例2】　重庆葛洲坝郁阳置业有限公司授信业务营销案例

一、企业基本概况

重庆葛洲坝郁阳置业有限公司注册资金2 000万元。公司持有的郁阳大厦项目位于两江金融贸易区2－15－2地块，占地面积8 174平方米，紧邻世纪大道，交通便捷。项目所在地段较好，其所在地区土地级别属重庆市基准地价土地级别三级。项目总投资人民币8.6亿元，土地转让款2.64亿元，项目资本金2.84亿元，比例达33%，符合监管要求。资金缺口5.76亿元，来源于某国有商业银行贷款。项目已经通过竣工验收，已签约租出面积约占应出租面积的45%，预计第一年物业租金收入为8 000万元。

二、银行提供的授信方案

银行跟踪营销葛洲坝公司的郁阳大厦已历时3年。自经营性物业抵押贷款业务管理办法及房地产开发贷款政策例外措施推出后，重庆分行依据对本地房地产市场的总体把握，借银行政策和措施的东风，开始着力开展经营性物业贷款业务。

通过前述银行对郁阳大厦已签约部分租出的良好开局情况的了解与掌握，

考虑到该楼盘尚处在建工程阶段，且已抵押给某国有商业银行的实际情况，银行向葛洲坝公司提出了以银行5.7亿元开发贷置换某国有商业银行贷款，并依据该项目竣工获得产权证后的价值的初步估算，承诺给予7.8亿元经营性物业抵押贷款。

银行融资方案打动了葛洲坝公司。由于郁阳大厦已签约部分租出的开局情况较好，葛洲坝公司决定郁阳大厦由侧重“售”转而侧重“租”。但通过长期的经营性物业作为抵押贷款，按其租金收入速度无论如何也无法完成以“售”为主确定的还款计划。银行融资方案为符合“葛洲坝公司”经营决策作出适当调整。

银行提出的经营性开发贷款实施步骤如下。

第一步，按客户需求精心设计，提出“开发贷+经营性物业抵押贷款”捆绑式产品方案。

第二步，按银行现行房地产企业授信业务相关管理办法，对于葛洲坝公司个案，首先是政策例外立项报批程序。银行在立项请示中提出商住房开发贷款为经营性物业贷款“过桥”。

第三步，在上报立项过程中同时开展与商住房开发贷款和经营性物业贷款相关授信调查和上报。葛洲坝公司的郁阳大厦商住房开发贷授信项目审批终获批复同意。

第四步，开发贷提款后，归还某国有商业银行贷款，银行取得在建工程抵押权。

第五步，郁阳大厦产权证出来后，银行上报经营性物业抵押贷款。获批后，提款归还银行开发贷，同时银行取得郁阳大厦产权抵押。

至此，银行经营开发贷将商业房地产产业链连接起来。

【点评】

银行客户经理精心地设计授信方案，将商业地产的开发贷和经营性物业抵押贷款进行捆绑销售，以经营性物业抵押贷款置换到期的开发贷，形成封闭自偿。客户满意，银行收益较大，实现银企双赢。

银行客户经理在提供授信的时候，一定要精心设计授信方案。

经营性开发贷款、综合商住房开发贷款和经营性物业贷款内容，通过"开发贷＋经营性物业抵押贷款"捆绑式产品将商业不动产的产业链串联起来。

商住房开发贷款业务的两个显著特征：以在建商住房的在建工程作抵押担保；以售房款为第一还款来源。

经营性物业抵押贷款的两个显著特征：以竣工并获得产权证的经营性物业作抵押担保；以物业经营收入（主要是租金）作为第一还款来源。

经营性开发贷款包括两个阶段：一是开发贷阶段，在银行商业住房开发贷款产品标准的基础上，银行视开发商对所开发的商业楼盘项目"售"或"租"决策，保留经营性物业抵押贷款跟进（销售）的权利。二是经营性物业抵押贷款阶段，适用银行经营性物业抵押贷款的产品的标准。

在经营性开发贷款两个阶段中，银行贷款的担保品由在建工程抵押转换为商业用房产权抵押。第一还款来源依次为银行经营性物业抵押贷款、物业经营收入（主要是租金）。

该模式的适用对象为商业房地产开发商，特别是那些资金实力强，所开发的商业楼盘属城市中心地段，交通便利，商业繁华，社区及周边配套设施成熟，租金价格具有市场竞争力，市场需求强烈的写字楼、商铺等项目的开发商。

【案例3】　济南市华信房地产综合开发总公司授信方案

一、企业基本情况

济南市华信房地产综合开发总公司，具有拆迁二级资质。济南市政府必做的八项大事中的莫愁湖小学拆迁工程、济南陆军指挥学院拆迁工程等重点工程，都是由该公司拆迁，拆迁经验十分丰富。此次拆迁项目，由济南市发改委牵头，由建邺区政府委托济南市华信拆迁公司拆迁。建邺区20号地块位于陆指经适房项目西侧、南接苏宁电器物流基地，西接江苏苏糖物流公司，北接集庆门大街西。

二、银行提供的授信方案

此次授信是针对济南市华信拆迁公司代政府拆迁贷款。此次对华信拆迁

公司的授信，不仅能提高银行的社会效益，也能拉动银行的储蓄、银行卡等业务，提高经济效益。

此次贷款由建邺区国有资产经营（控股）有限公司提供连带责任担保，并由建邺区财政局出具还款承诺。建邺区政府财政实力雄厚，随着济南河西新城区的进一步开发建设，区域经济总量将呈现跨越式增长，具有很强的担保能力。

此贷款主要用于拆迁资金支付。该项目 1.4 亿元的拆迁量，预计将为银行带来不少于 3 000 万元的居民储蓄。因为该项目是政府项目，由政府全额拨付，所以，该企业在融资成本方面有一定浮动。银行可在中间业务方面带来不少于 80 万元的收入。

故同意此次拆迁项目贷款 8 000 万元，期限两年。具体授信方案见表 5－2。

表 5－2　授信方案

额度类型	内部授信额度		授信方式	单笔单批额度		
授信额度（万元）	8 000.00		授信期限（月）	24		
授信品种	币种	金额（万元）	保证金比例（%）	期限（月）	利/费率（%）	是否循环
流动资金贷款	人民币	8 000.00	0.00	24	基准	
贷款性质	新增	本次授信敞口（万元）	8 000.00	授信总敞口（万元）	8 000.00	
担保方式及内容	保证人：济南市建邺区国有资产经营（控股）有限公司					

【点评】

针对拆迁公司提供贷款，银行一定要考虑封闭自偿，提供项目贷款用于项目的拆迁，必须要求代发被拆迁户的拆迁款，这样银行的项目贷款资金封闭锁定回本行的储蓄账户。发放贷款的基本原则，首先在前面建一条大坝，控制资金的流向，然后再提供贷款。如果不建立大坝，资金将如洪水一般四处漫流。

第六篇　土地储备中心授信方案篇

中国的各级财政基本都是土地财政，对于土地非常依赖。银行操作土地储备贷款可以拉近与当地政府的关系，对于拓展社保基金、土地储备基金、教育基金、危改房建设专项基金等财政资金非常有帮助。操作土地储备贷款只是一个引子，是银行介入政府渠道，因此，银行对单纯的土地储备中心的存款回报不应过于计较，而应当看重土地储备中心背后强大的政府资源。

一、土地整理储备贷款

1. 地方财政状况良好，并建立了比较完善的土地储备、土地出让、收支管理等制度。

2. 具备财政部门的贷款规模批准文件和同级人民政府批准的项目实施方案，贷款规模不得超过财政部门的批准规模。

3. 借款人内部管理规范，近两年财政返还资金量较多，综合还款能力较强。

4. 储备项目土地已经列入当年土地储备计划中，并符合城市规划和土地利用总体规划，基本能够确定用途、容积率等基本要素，预计能够纳入土地供应计划并在两年内予以出让。

二、园区开发建设贷款

1. 财政实力较强，政府性债务合理，偿债率、债务率、负债率原则上应控制在警戒线以内。

2. 项目已取得相关部门合法有效立项批准文件。

3. 项目资本金已到位，并需先于银行贷款资金前使用。

4. 借款人内部管理规范，近两年财政返还资金量较多，综合还款能力较强。

【案例1】　沈阳市土地储备交易中心授信方案

一、企业基本情况

沈阳市土地储备交易中心是事业单位，隶属于市规划和国土资源局。业

务范围：根据城市总体规划和市政府年度土地供应计划，对国有存量土地及其他需要进入市场的土地进行统一收购、储备，建立土地储备库，供应全市房地产开发及经营性用地；将市政府依法收回的违法用地、闲置土地及使用期限已满的土地收入储备库，并对储备土地进行整理和出让前的合理利用；进行土地交易的信息收集、发布及土地交易的服务工作。

二、银行提供的授信方案

授信方案见表6－1。

表6－1　沈阳市土地储备中心授信方案

<table>
<tr><td>额度类型</td><td colspan="2">公开授信额度</td><td colspan="2">授信方式</td><td>综合授信额度</td></tr>
<tr><td>总授信额度（万元）</td><td colspan="2">100 000～200 000</td><td colspan="2">期限（月）</td><td>24</td></tr>
<tr><td>具体授信品种</td><td>在总授信额度中占比（%）</td><td>保证金比例（%）</td><td>是否循环</td><td>用途</td><td>贡献分析</td></tr>
<tr><td>土地整理储备贷款</td><td>100</td><td>0</td><td>是</td><td>用于土地的收储，银行一定要将拆迁户代理发放拆迁款营销到，做到信贷资金体内循环</td><td>利息收益</td></tr>
<tr><td colspan="4">授信总敞口（万元）</td><td colspan="2">建议不超过100 000</td></tr>
</table>

某银行为沈阳市土地储备交易中心提供授信方案（见表6－1），办理贷款20亿元。沈阳市土地储备交易中心指定银行为土地保证金唯一监管银行，通过办理土地保证金监管业务，某银行吸收的存款超过10亿元。

【案例2】　内蒙古自治区土地储备登记中心授信方案

一、企业基本情况

内蒙古自治区土地储备登记中心隶属于国土资源管理部门，是统一承担本行政辖区内土地储备工作的事业单位。

二、银行提供的授信方案

银行根据该单位的实际情况，提供的授信方案见表6－2，其授信流程见图6－1。

银行储备贷款额度31.25亿元，授信期限为2年。

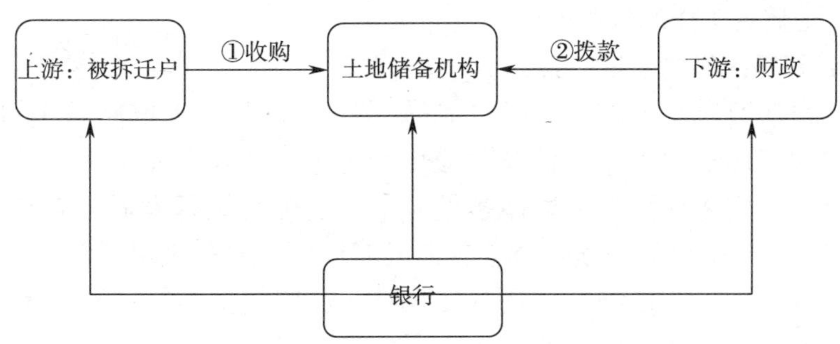

图6－1　授信流程

表6－2　内蒙古自治区土地储备中心授信方案

额度类型	公开授信额度		授信方式		综合授信额度
总授信额度（万元）	312 500		期限（月）		24
具体授信品种	在总授信额度中占比（%）	保证金比例（%）	是否循环	用途	贡献分析
土地整理储备贷款	100	0	是	用于土地的收储，银行一定要将拆迁户代理发放拆迁款营销到，做到信贷资金体内循环	利息收益
授信总敞口（万元）				建议不超过100 000	

【点评】

土地储备中心对银行的大额信贷资金非常需要，银行应当精心设计授信方案，通过提供土地储备贷款，实现封闭自偿。

【案例3】　江门市土地储备供应中心授信方案

一、企业基本情况

江门市土地储备供应中心隶属于国土资源管理部门，是统一承担本行政

辖区内土地储备工作的事业单位。

二、银行提供的授信方案

银行向江门市土地储备供应中心发放3 000万元土地储备项目贷款。银行下发关于向江门市土地储备供应中心发放3 000万元土地储备项目贷款的批复，决定将江门市土地储备供应中心定位为银行发展性客户，同意发放3 000万元土地储备项目贷款，期限2年，提款有效期3个月，贷款以该中心的储备土地作抵押，贷款利率执行人民银行同档次基准利率（授信方案见表6－3）。该项贷款的批复，将使得江门市的土地收购储备增添更大的工作后劲。

表6－3　江门市土地储备供应中心授信方案

额度类型	公开授信额度		授信方式		综合授信额度
总授信额度（万元）	3 000		期限（月）		24
具体授信品种	在总授信额度中占比（%）	保证金比例（%）	是否循环	用途	贡献分析
土地整理储备贷款	100	0	是	用于土地的收储，银行一定要将拆迁户代理发放拆迁款营销到，做到信贷资金体内循环	利息收益
授信总敞口（万元）				建议不超过100 000	

【点评】

本例中，银行对土地储备中心提供贷款，采取使用土地抵押方式，为了灵活帮助政府安排土地的经营，允许土地置换，政府以新整理的土地置换已经质押的土地，实现滚动经营。

【案例4】　合同县土地整理中心授信方案

一、企业基本情况

合同县土地整理中心注册资金123.261亿元，由合同县建设管理委员会、合同县财政局共同出资。为县政府编报土地征收、收购和供应计划提供数据资料，依据规划安排、土地收购计划和土地市场需求，对需盘活的存量建设用地，做好前期调查测算，经报请县政府批准，结合国土资源部门实施土地收购储备和管理，并将收购储备土地纳入县政府土地储备库储备和管理由政府依法收回的违法占地及闲置国有土地，并将土地纳入县政府土地储备库，对涉及招拍挂用地项目和县政府所辖的划拨用地项目，代理组织前期提供用地和征后土地储备管理工作，并将土地纳入县政府土地储备库，承担实施国土资源部门委托的储备国有土地前期整理业务，在县政府的指导下，加强与各金融机构的配合，多渠道、多途径筹措土地征收、收购储备垫付资金，并负责管理和运作好土地征收和收购储备资金，负责合同县范围内的测量管理工作，并承接单位和个人委托的工程测量、房产测绘、地籍测绘及制图业务。总计收购征收土地2 585.0721亩，成本16 447.35万元；出让土地2 352.0354亩，土地出让金总额27 581.5万元，政府收入11 134.15万元。

二、银行提供的授信方案

1. 应收账款融资方案背景

合同县土地整理中心是合同县唯一的土地一级整理单位，合同县人民政府及发改委已批准土地整理中心收购合同县缝纫机厂等七家企业的土地。

其中，合同县缝纫机厂国有土地面积为39 990.91平方米；合同县电力总公司国有土地为7 152.5平方米；合同县集中供热工程公司国有土地面积为3 237平方米；合同县交通队国有土地面积为8 996.84平方米；合同县利和箱包制品有限公司国有土地面积为11 006.8平方米；合同县制革有限公司国有土地面积为16 093.5平方米；合同县针织厂国有土地面积为6 683.95平方米。

土地总面积为93 161.5平方米，项目总投资为1.3亿元，合同县土地整理中心分别与上述几家单位签订土地收购协议，并上报政府相关部门批准，该土地在完成整理后在市土地交易中心完成挂牌出让，土地出让金划拨合同县财政局，县财政将按照审计局审定的土地收购成本1.3亿元分两次，在上述款项返还之前将形成财政项下应收账款。上述应收账款已经过合同县财政

局确认，且县财政局已同意合同县土地整理中心将上述应收账款债权转让银行办理应收账款融资业务。

2. 应收账款融资方案设计

银行与该中心和财政部门达成三方合作意向。这些应收账款是经财政确认的合格项目应拨款项，财政纳入拨款计划并明确还款时间和还款金额。根据以上，该中心、县财政和银行三方设计了应收账款融资方案（见表6－4）。

（1）以财政应向土地整理中心拨付的款项作为应收账款；

（2）财政对这部分应收账款进行确认后按照财政拨付日期，保证银行融资资金的按期归还，解决银行贷款集中到期归还的流动性压力；

（3）银行以不高于该中心提供的部分已审结应收账款80%的比例进行短期融资。

为确保银行信贷资金的安全，推动贸易融资业务的稳健发展，提高贸易融资业务综合收益，优化银行产品结构和收入结构，银行为合同县土地整理中心做财政应收账款融资业务，由合同县财政局按照还款计划按时进行财政资金的拨付，归还银行融资资金的贸易融资业务。

表6－4　授信方案

<table>
<tr><td>额度类型</td><td colspan="2">内部授信额度</td><td>授信方式</td><td colspan="3">单笔单批额度</td></tr>
<tr><td>授信额度（万元）</td><td colspan="2">5 000.00</td><td>授信期限（月）</td><td colspan="3">6</td></tr>
<tr><td>授信品种</td><td>币种</td><td>金额（万元）</td><td>保证金比例（%）</td><td>期限（月）</td><td>利/费率（%）</td><td>是否循环</td></tr>
<tr><td>国内有追索权保理</td><td>人民币</td><td>5 000.00</td><td>0.00</td><td>6</td><td>按银行规定利率</td><td></td></tr>
<tr><td>贷款性质</td><td>新增</td><td colspan="2">本次授信敞口（万元）</td><td>5 000.00</td><td>授信总敞口（万元）</td><td>5 000.00</td></tr>
<tr><td>担保方式及内容</td><td colspan="6">信用</td></tr>
</table>

3. 风险分析

合同县土地整理中心是合同县最有实力的投融资窗口，资本金来源主要是县财政的拨款。在天津市近年经济发展速度较快和国家确立天津滨海新区大发展战略的背景下，政策风险较低，资金来源稳定可靠，风险可控。

该中心财务状况稳定，与银行合作良好，融资能力强。该财政保理额度可循环使用。

【点评】

本案例给出了营销县级土地储备中心的授信方案，采取以财政拖欠的应收账款为质押，银行提供融资。这种融资类似于过桥贷款，依托财政资金作为兜底担保。所以提供融资的期限多为短期融资，且必须与财政资金做好对应。

附件：土地一级开发监管委托协议文本

甲方：____________________

乙方：____________________

丙方：____________________

为有效推进土地一级开发项目进程，确保土地一级开发工作如期完成，根据________土地一级开发监管委托协议，甲、乙、丙三方本着自愿、互利的原则，经协商一致，订立本协议。

第一条　项目基本情况

项目名称____________________

项目规划用途________________

项目位置____________________

项目四至范围

东至________________________；

西至________________________；

南至________________________；

北至________________________。

土地现状情况

集体土地面积________平方米

国有土地面积________平方米

土地规划情况

规划建设用地面积________平方米

规划代征用地面积________平方米

规划建筑面积________平方米

市政建设工作需达到“________通一平”

第二条　土地一级开发周期

乙方承诺土地一级开发周期为________月，土地一级开发周期自土地一级开发授权之日开始计算，于________年________月内达到“________通一平”验收标准。

第三条　土地一级开发总成本

乙方土地一级开发总成本（含土地一级开发利润）为人民币（大写）：____________________元（¥____________________万元）。

第四条　项目保证金

按照____________________土地一级开发监管委托协议第八条第一款，乙方应于________年________月________日前将项目保证金人民币（大写）：________元（¥________万元）全额划入甲方指定账户。

收款人名称（甲方）：________________

收款人开户行：________________

收款账户：____________________

待乙方按照____________________土地一级开发监管委托协议约定完成全部土地一级开发工作，经甲方验收合格后十个工作日内，甲方按照中国人民银行规定的同期活期存款利率进行计算，监管期间保证金产生的银行利息归乙方所有。如乙方有违约责任，甲方有权从保证金中优先扣留相应款项。

第五条　监管资金的额度及用途

监管资金额度为土地一级开发总成本（含土地一级开发利润）的________%（不包括保证金），即人民币（大写）：____________________元（¥________万元）。

监管资金用于乙方实施土地一级开发过程中________的支出。

第六条　监管资金的交付时限及监管账户

乙方应于________年________月________日前，将本协议第五条约定的

监管资金全额划入甲方指定乙方在丙方设立的土地一级开发资金监管账户。

收款人名称（乙方）：________________

收款账户：____________________

开户银行（丙方）：________________

第七条　监管资金的利息

甲、乙双方同意，监管期间监管资金产生的利息由丙方按照中国人民银行规定的同期活期存款利率与乙方进行计算，监管资金产生的利息归乙方所有。

第八条　监管资金的提供和使用

1. 乙方依据____________________土地一级开发监管资金使用计划表以及乙方与乡政府、村委会签订的征地补偿协议、与被拆迁人签订的拆迁补偿协议等文件向丙方提供使用监管资金，用于乙方在实施土地一级开发过程中____________________的支出；乙方提供使用的监管资金应专款专用，不得挪作他用。

2. 丙方依据乙方出具的加盖单位公章的用款提供、________________项目土地一级开发监管资金使用计划表以及乙方与乡政府、村委会签订的征地补偿协议，与被拆迁人签订的拆迁补偿协议及交接手续等文件，同意乙方支付相应的款项，并按月以书面形式告知甲方。

第九条　违约责任

1. 如乙方未按照本协议约定日期将项目监管资金全额注入甲方指定在丙方设立的土地一级开发资金监管账户，应按照甲、乙双方签订的____________________项目土地一级开发监管委托协议中的第十六条处理。

2. 如乙方未按照本协议约定日期完成土地一级开发工作且不是由于不可抗力、国家政策调整及甲方造成的，应按照甲、乙双方签订的____________________项目土地一级开发监管委托协议中的第十七条处理。

3. 如甲、乙双方已签订的____________________项目土地一级开发监管委托协议因乙方违约而由甲方单方解除，应按照甲、乙双方签订的____________________项目土地一级开发监管委托协议中的第十九条、第二十条处理。

4. 如丙方未按照本协议第八条约定对乙方出具的加盖单位公章的用款提供、____________________项目土地一级开发监管资金使用计划表以及乙方

与乡政府、村委会签订的征地补偿协议、与被拆迁人签订的拆迁补偿协议等文件进行审查或经审查材料与约定不符而将监管资金发放给乙方，丙方有义务在甲方要求的合理期限内向乙方追回该笔款项，否则丙方就所发放的款项承担连带保证责任，甲方有权直接要求丙方返还该笔款项。

第十条　免责事由

1. 因乙方所提供的征地协议、拆迁补偿协议等文件不全等乙方自身原因导致的乙方不能申领监管资金，由乙方承担相关责任及损失，甲方、丙方不承担由此引起的任何法律责任。

2. 如因国家相关政策调整或不可抗力因素致使乙方不能履行或不能完全履行本协议内容时，乙方可与甲方、丙方协商解除或变更本协议内容。

3. 因甲、乙任何一方或因行政、司法、不可抗力及其他非丙方原因导致丙方未能及时完成本协议委托事项的，丙方不承担由此引起的任何法律责任。

第十一条　协议生效及其他事宜

1. 本协议经甲、乙、丙三方签字盖章之日起生效，至监管账户中余额为零。

2. 本协议为甲、乙双方于________年________月________日签订的____________________土地一级开发监管委托协议的补充协议，具有同等法律效力。

3. 本协议未尽事宜，三方另行协商解决，并签订补充协议。本协议附件及补充协议均为本协议之不可分割的有效组成部分。本协议在三方权限范围内的任何修改、补充或变更须经三方同意并盖章后方可生效。

4. 如遇国家相关政策调整或不可抗力因素的影响致使协议不能履行或不能完全履行，三方可协商解除或变更本协议。

5. 在履约过程中，三方工作均应以书面形式予以落实，相应的书面文件经三方确认后即成为本协议的附件。

6. 三方应在友好协商的基础上解决争议、分歧或索赔，如果争议、分歧或索赔在友好协商的基础上无法解决，三方同意将争议事宜提交甲方所在地的人民法院进行诉讼。

7. 本协议正文共________页，经三方法定代表人（或授权代表）签字并加盖公章后即日生效。本协议正本 3 份，副本 3 份，具有同等法律效力。甲、乙、丙三方各执正本 1 份，副本 1 份。

附件：____________________土地一级开发监管资金使用计划表

甲方（盖章）：________　　　　乙方（盖章）：________
法定代表人（或授权代表）：____　　法定代表人（或授权代表）：____
日期：____年____月____日　　　　日期：____年____月____日

丙方（盖章）：________
法定代表人（或授权代表）：________
日期：________年________月________日

【案例5】　上海新江房地产开发公司授信方案

一、企业基本情况

上海新江房地产开发公司注册资金2亿元人民币，年销售额突破100亿元，为大型综合类房地产开发企业。该公司开发建设商品房、经济适用房、写字楼及别墅等多种类型项目，积累丰富开发经验，在上海房产市场中占有一定市场份额。其开发的建设商品房有新江花园、新江总部公寓、天坛新江公馆等，开发的建设公寓写字楼有新江国际、新江科技中心、新江国际公寓、新江大厦、新江之星、新江世纪。公司现有土地储备超过100万平方米。

上海新江房地产开发公司正在开发项目——上海新大花园介绍如下。

1. 项目规模

上海新大花园，项目总规划建筑面积为约40万平方米，其中一期两栋楼总建筑面积为5.29万平方米，已全部售罄。本次向银行提供开发贷款为二期工程，共两栋楼，总建筑面积为5.9万平方米。

2. 位置及周边设施

上海新大花园项目地理位置优越，周边商业设施有中国建设银行、中国工商银行、大中电器、苏宁电器等；距方庄核心餐饮街仅500米，有顺峰酒楼、金山城酒楼、元太祖烤肉城、金鼎轩酒楼等许多著名老字号饭庄及肯德基、必胜客、麦当劳、好伦哥等现代快餐店，商务范围较佳。

3. 项目资金情况分析

该项目总投资25亿元，其中企业自筹资金16亿元，尚有9亿元资金缺口，通过银行贷款解决。该项目已取得四证，公司累计投入9.3亿元，施工

进度已完成全部地下部分和地上一层主体结构。

二、银行提供的授信方案

银行针对该公司的房产抵押作如下分析（见表6－4）。

表6－4　房产抵押分析

抵押物分类	商业营业用房	抵押物编号	
抵押物名称	上海新大花园一期底商	抵押物存放地点	
抵押物详细描述	上海新大花园一期底商，地上两层，地下两层，全部出租。地上租户为大中电器，地下租户为世纪联华超市。抵押物坐北朝南，紧邻南三环刘家窑环岛		
抵押物的所有权人	上海新江房地产开发公司	抵押物相关证明文件	
面积/数量	28 948.72 平方米	折旧率（%）	0.00
抵押物评估机构	江信评估事务所		
正式评估价值（万元）	79 000.00	评估时间	
银行确认价值（万元）	商业营业用房	抵押率（%）	70.00

1. 业务流程

（1）上海新江房地产开发公司向银行提出流动资金借款申请，双方约定上海新江房地产开发公司在银行办理按揭贷款，授权银行可以扣划按揭贷款归还开发贷款。

（2）银行对上海新江房地产开发公司进行审查，同时要求对拟抵押的土地（房屋）进行评估；担保方式下，审查担保人履约能力。

（3）银行同意贷款，上海新江房地产开发公司对拟抵押的土地（房屋）办理保险，受益人为贷款银行。

（4）上海新江房地产开发公司在房屋土地管理局办理抵押登记手续，在房屋有承租人的情况下，上海新江房地产开发公司须将此情况告知承租人。

（5）银行发放开发贷款并监督上海新江房地产开发公司对信贷资金的使用。

（6）等到房地产项目具备销售条件，符合银行按揭贷款要求时，上海新江房地产开发公司指定银行为按揭银行，上海新江房地产开发公司提供按揭购房人信息。

（7）银行对购房客户发放住房按揭贷款，资金直接进入上海新江房地产开发公司账户。

（8）根据协议约定，银行从上海新江房地产开发公司账户扣收一部分款项用于归还本行开发贷款。

银行通过为公司提供2年期人民币1亿元贷款，可获得一定的按揭业务，收益显著。开始合作1年后，仅在5个月时间里就为银行带来了8 000万元的按揭业务。

2. 风险控制分析

该公司为规范大型房地产开发公司，创建伊始即从事住宅及相关房地产项目的开发建设，在业内具有较好市场声誉，经过多年市场磨砺，年开复工面积超过百万平方米，销售额超过350亿元。公司具备完善的财务机制、管理规范，可以按银行要求进行财务监管。

银行通过提供一定开发贷款切入企业，撬动可观按揭贷款。为控制融资风险，需要整个项目封闭运作，开发商将项目土地及地上建筑物全部抵押给银行。在达到按揭贷款条件后，银行发放按揭贷款，归还银行开发贷款，银行同步对抵押部分进行解押，由开发商作为抵押主体变更为购房客户抵押，顺利将开发贷款转换成按揭贷款，银行贷款实现低风险运行。

银行经办人员对项目周边同等品质楼盘进行了解，贷款项目在售价上具有一定优势。周边楼盘平均销售价格在8 000元/平方米左右，项目销售计划价格为7 000元/平方米，价格优势明显。该地段交通便利、周边设施完善，因此对该项目销售持乐观态度。

综上所述情况，凭该公司自身实力及良好信用，结合项目预期销售状况以及贷款封闭运作根据安全性，可以保证公司如期归还银行贷款。

3. 使用产品

（1）房地产开发封闭贷款：银行提供给房地产开发企业，用于住宅、写字楼等项目开发建设的特定用途贷款。一般由企业提供已经取得土地使用权的土地、已经取得房屋所有权的房产作为抵押或由企业的股东提供担保。

住房开发封闭贷款须以项目的土地使用权及在建工程作为抵押物，其贷款发放（信贷资金注入项目）、项目建设（信贷资金使用）、销（预）售（信贷资金回收）的整个环节中资金能够封闭运行。

住房开发封闭贷款以外的住房开发贷款为住房开发非封闭贷款，包括以信用方式发放的开发贷款、以保证担保发放的开发贷款、以其他项目土地使用权或其他财产进行抵（质）押发放的贷款等。

（2）银行卡：银行为拆迁客户办理银行卡，拆迁安置费用划入银行卡中，银行吸收储蓄存款。

【点评】

1. 可以带来可观按揭业务

上海新江房地产开发公司凭借其自身雄厚实力和优异的业绩，在上海地区成功打造出了“新大”品牌，在同行业中具有明显领先地位。

上海新大花园项目 A9、A12、A3、A5 可销售面积达到 4 万平方米，销售价格总计为 6 亿元，足以覆盖银行开发贷款额度。为配合银行此笔开发贷款投放，上海新江房地产开发公司承诺将其下属公司上海新大蓝天房地产开发公司开发建设的富丁堡写字楼指定给银行进行按揭。该项目建筑面积 8.8 万平方米，销售均价 2.2 万元/平方米，销售总价为 19.36 亿元，该项目已经封顶，预计仅富丁堡项目银行可获得 10 亿元按揭贷款业务。

2. 可以促进储蓄业务

上海新江房地产开发公司旗下一项目公司获得在菜市口进行一级土地开发项目。该项目占地面积 6.5 万平方米，涉及拆迁户 1 200 户，拆迁居民 2 500 人，房屋 1 600 间，总拆迁面积 4.25 万平方米，预计发放拆迁款 8 亿元，可以争取将拆迁款发放由银行承担，银行可以增加 2 亿～3 亿元个人储蓄存款。

【案例 6】　天津宏运海书报刊发行有限公司法人商用房按揭贷款业务

一、企业基本情况

天津宏运海书报刊发行有限公司注册资金 2 000 万元，年度销售收入为 1.26 亿元，公司图书及期刊主营业务利润 3 264 万元，净利润 1 322 万元，公司属于中型规模企业。该企业在行业内部具有较强竞争力，与众多知名出版

社签订图书包销协议，为其唯一包销发行商。公司发行多家期刊有几十年历史，其发行的工具书和教育类丛书长期以来被教育界认可，受到广大师生欢迎，销售有保障。图书、期刊产品的经营本身为高利润行业，毛利占25%以上，净利润达8%以上，且公司自身现金流非常好，足以应付现有日常经营需要，同时与现有银行合作良好，其他银行很难切入。

该公司一直是租房办公，每年需要支出较大金额的租房费用。

二、银行提供的授信方案

1. 授信方案

提供贷款1 200万元，期限为3年，利率执行基准。银行的风险控制措施如下。

（1）要求借款人以公司法人名义投房屋财产综合险，保险第一收益人为银行。

（2）要求开发商做阶段性担保，并缴纳5%的保证金。

（3）分户产权落实后，做抵押登记。

（4）做强制执行公证。

2. 业务流程

（1）天津宏运海书报刊发行有限公司选定房产（新天地大厦），并与银行洽商贷款事宜，购房合同总价2亿元。银行提供按揭贷款，首付款四成，按揭3年。

（2）银行委托中介机构对房产（新天地大厦）评估，对售房企业——天津信源基业房地产开发有限公司核定担保额度1.2亿元。

（3）天津信源基业房地产开发有限公司缴存房价款5%保证金1 000万元，并与银行签订担保协议，银行与天津宏运海书报刊发行有限公司签订贷款协议，贷款金额1.2亿元，期限3年。

（4）天津宏运海书报刊发行有限公司缴存8 000万元，银行发放贷款1.2亿元，并划入售房企业——天津信源基业房地产开发有限公司账户。

（5）天津宏运海书报刊发行有限公司分期偿还银行贷款本息。新天地大厦建成后，天津信源基业房地产开发有限公司协助办理房产证，以房产作为抵押，银行解除天津信源基业房地产开发有限公司担保责任。

3. 使用产品

（1）法人商用房按揭贷款：银行发放的用于借款人购置自营商业用房或

自用办公用房的中长期按揭贷款，借款人以经营收入分期偿还银行贷款的一种贷款业务形式。

（2）银行存款：售房企业在银行缴存贷款金额的5%作为保证金存款，可以为银行吸收低成本的银行存款。

【点评】

该企业竞争力非常突出，经销的图书、期刊有较好的市场知名度，主业较为扎实，符合银行的客户选择。

企业现在租写字楼办公，每年要付80万元，租金成本较高。鉴于天津房地产不断上升趋势及公司决定长远发展打算，可以劝天津宏运海书报刊发行有限公司购置房产，银行提供融资。通过自置办公用房省去以往租赁支付租金，同时实现主业书报发行与分享中国房地产升值双重利润。该公司负责人生于20世纪70年代，头脑灵活，听取银行建议后非常赞同。银行趁机介绍本行重点按揭项目天津朝阳区新天地大厦，该企业考察后决定购买。

新天地大厦，项目地理位置优越，周边商业氛围良好。该项目在银行已经获得1亿元按揭额度，由开发商天津信源基业房地产开发有限公司提供阶段性担保，所剩担保额度可以满足此次提供贷款金额之需。所购房产12 337元/平方米均价属于合理价格，抵押物贬值可能性较小，50%抵押率应当可以保障银行利益不受损失。

天津宏运海书报刊发行有限公司资产负债比率远远低于行业水平，负债少，不会因为此次贷款过分加重企业偿债负担。

天津宏运海书报刊发行有限公司经营活动产生现金流入与企业销售状况相匹配，现金流正常，年所产生经营活动净现金流超过1 000万元，完全可以偿还每期按揭贷款。

天津房地产价格多年来一直处于上升趋势，因此，借款人购置的房产未来贬值可能性很小，且项目地理位置优、品质较佳，变现性较好。中国未来房地产行情看好，通过分期还款自置物业对于中小企业来说是一个较好的选择。

风险控制措施得力，通常法人按揭贷款风险度较低，企业因为购买自营用房，用自身经营产生现金流分期偿还贷款，对企业而言，长期分摊贷款偿还，每期偿还贷款金额不大，企业偿还压力适中。通过按揭贷款，可以有效地将客户结算资金吸引到本行。

【案例 7】　唐山诚信物业有限公司经营性物业抵押贷款融资授信方案

一、企业基本情况

唐山诚信物业有限公司注册资金 2 亿元，年经营额 8 亿元，属于中型规模物业企业。诚信大厦位于唐山中央商务区，为五星级写字楼，其承租公司大都是具有相当实力的外资企业及国内的大型垄断企业，出租率达到 90% 以上，且全为长期租约，出租率较高。唐山诚信物业有限公司准备扩建二期，自筹 2 亿元资金，需要银行融资 5 000 万元，公司准备需求外部资金支持。唐山诚信物业有限公司资产负债率适中，长期经营过程中现金流非常稳定，现金流状况较佳，是银行拓展中期贷款的较好目标客户。

二、银行提供的授信方案

1. 授信流程

（1）唐山诚信物业有限公司向银行提出融资申请，期限 5 年，金额 5 000 万元。银行评估唐山诚信物业有限公司年租金收入在 2 600 万元左右，年日常经营支出水电费等支出约 800 万元左右。年可支配收入 1 700 万元，5 年约 8 500万元。

（2）某银行经过批准，提供贷款 5 000 万元，期限 5 年，利率执行基准。唐山诚信物业有限公司每季度以收到的租金偿还银行贷款本息并与银行签订财务监管协议。

（3）唐山诚信物业有限公司将出租的房产抵押给银行，并及时通知承租客户，租金收取账户修改为：账号________，开户行________，此账户为收

取租金监管账户。唐山诚信物业有限公司提供授权划款书，授权银行可以从该账户扣划资金归还在银行的贷款本息。

（4）承租人按季度支付租金进入唐山诚信物业有限公司收取租金监管账户，银行按季度进行扣收。

2. 银行的风险控制措施

（1）要求借款人以公司法人名义投房屋财产综合险，保险第一受益人为银行。

（2）要求借款人将诚信大厦完全抵押给本行，并将抵押信息通知承租人。

（3）做强制执行公证。

3. 操作经营性物业贷款注意要点

（1）物业权属。银行必须认真调研该物业是否竣工验收合格、是否取得房产证及物业设定抵押情况。经营性物业抵押贷款必须以竣工验收合格、取得房产证并投入正常运营的经营性物业作抵押担保，必要时还应提供银行认可的其他财产抵（质）押、第三方保证，并可视情况要求借款人法人代表或其实际控制人提供连带责任保证担保。

（2）物业的出租率、租赁合同租期、租金支付方式。调查租金收入与贷款额度和贷款期限是否匹配；调查租金支付方式，防止物业在抵押给银行时，承租人已经一次性向借款人支付了长期租金，或者是将租金与出租人对于承租人的其他债务进行抵消，导致银行届时无法从租金中获得还款来源以及无法处置抵押物。

（3）租约情况。调查租约真实性以及租赁合同中是否存在损害银行利益的条款。特别注意承租人依法享有承租权、优先购买权以及其他权力对银行抵押权限制和影响，对抵押权实现难易程度作必要的预估。

（4）承租人资信、经营状况、支付租金能力等资质情况。要坚决防止虚假出租情况出现，同时注意甄别实力较弱的租户。对于承租人经营状况或资信不佳、按期足额支付租金有困难或多次拖欠租金的，不宜介入。

（5）贷款发放前，必须对经营性物业办理保险，保险费用由借款人承担，并指定银行为第一受益人，且保险的有效期应至少长于授信到期日后3个月，投保总额不低于贷款本息额。借款合同中要明确：银行有权在贷款期内要求指定的房地产评估机构对抵押物重新进行价值评估，若抵押物价值发生贬值，有权要求借款人补充银行认可的抵押物或收回相应贷款，银行有权视市场形

式、抵押物价值变动、出租回报率、市场利率变化等情况，对贷款期限、额度、利率等进行调整。

（6）借款人应与银行签订租金账户监管合同或协议，明确物业经营收入直接进入银行指定账户，一旦借款人无法偿还贷款本息，银行有权直接从该账户中扣划。置换他行贷款的，应建立资金专户，确保贷款专项用于归还他行贷款，确保他行抵押权释放后设定为贷款行抵押权；若他行抵押权释放并为贷款行设定抵押前贷款行贷款处于悬空状态，应要求借款人提供有效的阶段性担保。

4. 适用产品

经营性物业抵押贷款：经营性物业抵押贷款是指银行向具有合法承贷主体资格的经营性物业所有权人发放的，以其所拥有的物业作为贷款抵押物，并以该物业的经营收入还本付息的贷款。

借款人必须是经有权部门批准成立并依法持有企业法人营业执照、实行独立核算、具有法人资格，其拥有的经营性物业已经投入商业运营，并对其拥有的经营性物业有独立的处置权。

【点评】

诚信大厦出租率较高，承租企业实力非常强，每年的租金回报率理想，测算该企业5年的租金收入在扣除正常的支出后，应当可以完全覆盖银行的贷款本息。分析考虑因素如下。

1. 该物业符合本市商业网点规划要求，经竣工综合验收合格并办妥房产证和土地证，已投入商业运营1年以上。

2. 物业地理位置优越，位于城市中央商务区、主要中心商业区和城市中心繁华地段，交通便捷，人流、物流、车流充裕，商业、商务氛围浓厚。位列世界五百强的商业企业入驻经营。写字楼为甲级写字楼以上，年均出租率高于80%。

3. 物业定位准确，经营情况稳定，出租市场前景较好；经营性物业市场价值和租金价格稳定或有上涨趋势；物业具有较强的变现能力，有利于银行整体处置。

4. 在贷款期内物业所产生稳定的、经营性净现金流能够按期归还贷款本息（净现金流指已扣除经营物业必须支付的日常支出后的现金流）；贷款本息和与贷款期间预期可产生的净现金流现值之比不超过75%。

通常经营性物业抵押贷款风险度较低，因为本身项目已经产生稳定的现金流，用项目产生的租金现金流分期偿还银行贷款，对企业而言，长期分摊贷款偿还，每期偿还贷款金额不大，企业偿还压力适中。通过经营性物业抵押贷款，可以有效地将客户的结算资金流控制到本行。

附：相关协议

财务监管协议

甲方：________

乙方：________银行

根据甲乙双方签订人民币借款合同（编号：________）规定，为确保甲方开发项目________资金需要，甲乙双方经协商同意由乙方为该项目资金监管银行，在项目建设期内实施资金监管，具体约定如下。

一、本协议所称资金监管是指对该项目所发生建设费用及预售、租赁收入进行专项资金跟踪监督，即通过设立支出监管账户、收入监管账户，对该项目涉及所有工程款、材料和设备款、有关费用支付及销售、租赁收入资金回笼等均列入监管范围。

二、账户

1. 甲方在乙方开立支出监管账户、收入监管账户，账户除预留甲方银行印鉴外，还预留乙方授权人印鉴。支出监管账户用于核算乙方注入贷款资金，收入监管账户核算甲方投入该项目的自筹资金、项目的预（销）售、租赁收入及其他资金。

（1）支出监管账户名称：______________；开户行：______________；账号：________。

（2）收入监管账户名称：______________；开户行：______________；账号：________。

2. 甲方在乙方开立如下账户作为结算账户，用于结算往来。结算账户支

付需符合该项目的建设用途。甲方应提前将用款计划提交乙方，乙方有权对资金使用进行审核，对于超出计划的用款，有权拒绝。

结算账户名称：________；开户行：________；账号：________。

三、根据甲乙双方签订的人民币借款合同（编号：________）的约定，贷款资金用于该项目建设，该项目销售、租赁收入应用于该项目的建设和归还乙方的贷款本息，乙方对该项目实施如下监管。

1. 乙方按照该项目进度计划，确定一次性或分次发放、多次支取的方式，将贷款资金根据工程实际进度情况划入甲方支出监管账户。乙方按甲方提供项目用款计划、工程进度计划、材料设备采购计划及经核实的工程实际完成情况，对项目用款进行逐笔审核。

2. 甲方承诺将下列收入交由乙方监管，以保证项目回笼资金用于该项目的建设和归还乙方贷款本息：全部定金收入、全部预售/销售收入、全部租金收入、全部预售/销售合同、租赁合同、材料设备供应合同、工程承包合同、市政配套合同等所形成的相关权益。

四、项目建设期内发生工程建设费用实行监管审核制。甲方定期按季度将本季度需要对外支付费用，向乙方提供有关的用款依据，经乙方审核并签章认可后，将支出监管账户或收入监管账户的资金对外支付。

五、乙方的权利和义务

1. 根据项目实际情况，对项目建设过程中资金的用途、支付时间和金额进行资金监管，保证项目资金专款专用，推动项目顺利实施。

2. 定期检查该项目的结算账户及有关企业账户，发现甲方有违反规定将资金挪用到其他地方等行为，乙方有权立即停止对甲方的一切贷款的划付，并要求甲方提前还款。

3. 参加甲方该项目有关会议，动态了解该项目的实施情况。了解该项目预售/销售或租赁情况，预售/销售价格或租赁价格，检查销售资金的回笼情况。

六、甲方的权利和义务

1. 提供与该项目有关的资料（包括该项目权证、合同、预决算报告等）供乙方备案，并保证资料的真实性和时效性。

2. 定期（按月/按季）编制项目用款计划，若在执行过程中确需超过该月/季已核定的额度，甲方应及时通知乙方，并说明原因及需追加的额度。根

据乙方要求定期向乙方提供该项目对外支付明细情况，并随时接受乙方对该项目财务收支情况的检查与核对。

3. 每月向乙方提供预售/销售或租赁情况表、付款计划表和资金回笼情况。甲方在签订预售/销售、租赁合同及相关协议时，应在合同及协议中明确载明付款方应将资金划入甲方在乙方处开立的收入监管账户（账号为________）。

七、甲方承诺

在还清乙方贷款本息前，不将支出监管账户或收入监管账户的资金挪作他用；在还清乙方贷款本息前，该项目回笼资金全部进入收入监管账户；在贷款未还清前，该项目的个人住房贷款全部交由乙方办理。

八、如甲方未依约履行上述承诺，或未遵守本协议规定的其他义务，即构成违约，乙方将视情况采取：宣布贷款额度部分或全部取消，乙方所承诺的放贷义务立即部分或全部解除；宣布贷款立即全部或部分到期，甲方立即清偿贷款本息及其他应付费用。

该项目资金监管期限自开始发生贷款时起至贷款本息还清时止。

九、本协议经甲乙双方法定代表人或授权代理人签字并加盖双方公章后生效，在执行过程中如发生变化，双方本着平等、互利互惠的原则友好协商解决。

本协议一式两份，甲乙双方各执一份。

甲方（签章）：______　　　　乙方（签章）：________

法定代表人或授权代理人：______　法定代表人或授权代理人：________

日期：________　　　　日期：________

【案例8】　内蒙古湖至房地产开发有限公司资金信托授信方案

一、企业基本情况

内蒙古湖至房地产开发有限公司注册资金3 000万元人民币，总资产超过6亿元人民币。公司负责包头地区经济适用住房开发建设，为内蒙古当地最大的房地产开发企业之一，开复工面积超过100万平方米。内蒙古湖至房地产开发有限公司保持了高速与稳定发展态势，进入规模化发展阶段。

该公司准备开发草原新城经济适用住房开发建设，总面积达到500万平方米，需要投入资金超过5亿元，流动资金紧张。该公司土地储备丰富、本

身资质优良、经营管理规范，有雄厚的政府背景，这是银行与之合作的前提。

二、银行提供的授信方案

某国有银行经过认真分析认为，贷款受到政策限制，发债受到行业限制，房地产行业发行债券受到限制，上市时间太长，远水解不了近渴，发行信托计划较为可行，只要按照传统银行发放开发贷款标准审查企业，同时适当提高信托计划收益率，严格落实资金封闭使用，资金安全应当有保证，信托计划应当可以发行成功。某国有商业银行包头分行、包头市××信托投资公司、内蒙古湖至房地产开发有限公司三方经过协商，决定合作，通过信托计划募集资金，筹集项目开发建设所需的资金。

1. 方案设计

某国有商业银行包头分行认真分析，提出了如图6－2所示的授信方案。

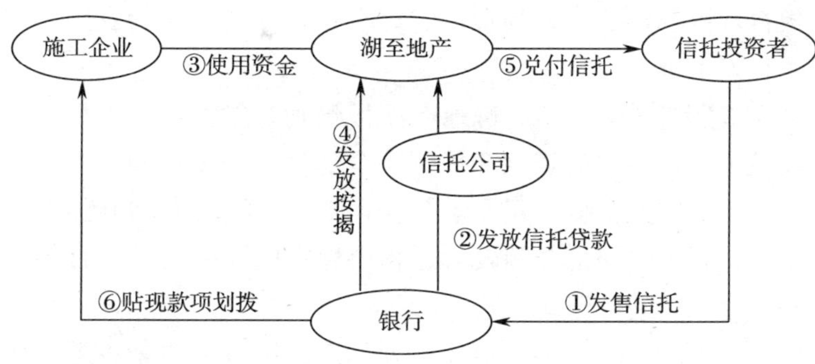

图6－2　授信方案

2. 业务流程

（1）银行评审项目。某国有商业银行包头分行经过评审后认为，内蒙古湖至房地产开发有限公司是包头本地龙头房地产开发企业，具备良好资信，有多年成功开发市场运作经验。“草原新城”经济适用住房项目属于包头市重点项目，能解决城市被拆迁居民生活问题，项目市场销售风险很小。因此，整个信托计划兑付有保证。

（2）签订协议。内蒙古湖至房地产开发有限公司、某国有商业银行包头分行和包头市××信托投资公司三方达成合作协议，内蒙古湖至房地产开发有限公司作为项目借款人，包头市××信托投资公司组织发行信托计划，某国有商业银行包头分行负责信托计划销售和信托资金监管，由包头信远房地产建设集团为借款项目提供连带责任保证。

（3）发行信托计划。内蒙古湖至房地产开发有限公司将现有的土地及地上建筑物抵押给包头市××信托投资公司，内蒙古湖至房地产开发公司、某国有商业银行包头分行和包头市××信托投资公司签订信托计划筹集资金合作协议，银行通过自身渠道成功发行信托计划2.1亿元，期限为2年。

（4）发放信托贷款。包头市××信托投资公司向内蒙古湖至房地产开发有限公司发放2.1亿元信托贷款，银行监控内蒙古湖至房地产开发有限公司按照信托计划筹集资金合作协议使用信托资金，信托资金应支付给确定本项目施工企业及用于本项目材料购买，防止内蒙古湖至房地产开发有限公司挪用。

此环节，可以采取以下方式提高收益：①让内蒙古湖至房地产开发有限公司签发全额保证金银行承兑汇票。②要求建筑安装施工企业在银行办理票据贴现，银行获得一定的贴现利息。③要求建筑安装企业为农民工在银行开立银行卡，代发工资。

（5）项目建设完毕。1年后房地产项目顺利开发，达到银行按揭贷款条件，银行发放个人住房按揭贷款3亿元，全部进入内蒙古湖至房地产开发有限公司账户。银行监控资金，要求客户不得使用，准备封闭归还信托计划。

此环节，银行可以获得金额较大、相当稳定的存款（信托计划不像银行贷款，客户不存在提前归还问题）。

（6）兑付信托计划。2年后信托计划到期，银行从内蒙古湖至房地产开发有限公司账户划拨资金2.1亿元，正常兑付信托计划（通常计算，内蒙古湖至房地产开发有限公司在银行的日均存款沉淀不低于0.5亿元）。

【点评】

某国有商业银行迫切需要扩大房地产按揭贷款业务量，经过分析，该行认为，必须能够为房地产开发公司提供用于开发流动资金贷款，才可能换来配套按揭贷款。

房地产公司切入关键就是融资。由于宏观调控，监管部门要求商业银行严禁超规模对房地产开发公司提供开发贷款。因此，“曲线融资”成为选择。

资金紧张是房地产开发公司经常面临的问题，也是银行切入合作的关键。房地产公司必须优中选优，绝不可以因为是信托业务，银行不承担融资风险而放松标准。“己所不欲，勿施于人”，好名声对银行非常重要，必须珍视。一旦一个信托兑付计划失败，将会引起极大的负面效应。

【案例9】　后海市土地整理与储备中心资金信托授信方案

一、企业基本情况

后海市土地整理与储备中心注册资本金6亿元人民币。该中心经营范围包括负责城市土地的收购、一级土地开发销售、对外投资与管理、商品信息服务等。中心自成立以来，借鉴市内及外省市土地使用制度的先进管理经验，充分发挥自身职能，由以往以行政划拨和协议转让方式交易土地改变为招标、拍卖、挂牌等三种交易方式，负责土地有偿使用转让工作，中心垄断本地一级市场。该中心去年累计完成搬迁、平整土地125.57万平方米，各种搬迁及企业补偿费用5.7亿元，共成交土地面积40.82万平方米，实现土地成交收入5.11亿元，土地交易收益2.42亿元，完成土地储备84.75万平方米，从而取得良好社会效益和经济效益。自成立以来，该中心共进行五期土地交易，成交土地面积119.11万平方米，成交收入22.31亿元，实现成交收益5.2亿元。

后海市近几年经济发展较快，已经成为全国知名钢材物流与交易集散地，城市房地产市场交易活跃。后海市土地整理与储备中心拟收购山东后海市毛纺厂办公用土地，准备在完成“三通一平”后公开挂牌出售。该中心由于大量收购土地，流动资金出现紧张。

二、银行提供的授信方案

某国有商业银行后海分行得知项目企业基本情况后，经过认真研究认为，后海市土地交易活跃，外地大型房地产公司一直在寻找机会收购土地。原山东后海市毛纺厂办公用土地位于市中心，地理位置优越，土地经过整理后，销售前景看好。后海市土地整理与储备中心实力较强、管理规范，并得到市政府强力支持，项目未来前景看好。由于土地储备中心不属于银行重点支持行业，且贷款期限较长，不符合银行信贷管理规定，因此某国有商业银行后

海市分行联系中达信托投资有限公司合作，通过设计信托计划为客户解决融资问题。

（1）某国有商业银行后海市分行与中达信托投资有限公司及后海市土地整理与储备中心合作，向社会发行 5.2 亿元资金信托计划，期限为 3 年，用于确定某项土地的收购。

（2）国有商业银行××市分行负责信托计划销售和信托资金的托管，5.2 亿元资金进入银行监管账户监管。中达信托投资有限公司与信托投资者签订信托合同，国有商业银行××市分行与中达信托投资有限公司与后海市土地整理与储备中心签署资金监管协议，约定信托资金用于确定土地的收购。

（3）后海市土地整理与储备中心提供收购土地计划，银行按照信托合同资金监管协议的约定，监管后海市土地整理与储备中心使用资金，用于土地的收购。

（4）后海市土地整理与储备中心将土地整理完毕后，公开挂牌拍卖，银行作为投标资金管理行，所有投标保证金进入银行监管账户进行监管。

（5）土地拍卖结束后，银行扣划土地出让金款项，等待信托计划的解付。

三、银行在操作土地信托工程中的收益

银行可以获得稳定、大额的存款。信托计划资金必须严格按照合同约定，因此，银行监控使用，项目销售回款必须用于兑付信托计划。信托计划期限 2 年，银行可以获得相当稳定的存款。

【点评】

1. 背景分析

后海市最近几年经济发展较快，各地大型房地产公司纷纷抢滩市场。后海市土地整理与储备中心虽然本身资金较为紧张，某银行看出该中心属于重要“渠道类客户”，与政府有着极深厚联系，政府背后支持极大，资金风险可控。银行由于政策限制，不能直接提供信贷资金用于土地一级开发。投资者都非常看好本地房地产市场，银行可以为该公司引入社会资金，在代理筹集资金过程中获取较大利益。

2. 信托风险点分析

发行信托计划，银行虽然不承担信托计划兑付风险，但是仍然必须按照如同自营贷款标准审查项目，保护银行信誉。本次项目风险可以控制。

第一，后海市毛纺厂地处该市繁华地带，土地交易非常活跃，楼市价格一直在攀升，毛纺厂地块是为数不多完整地块之一，市场需求旺盛。

第二，后海市财政状况较好，该中心是后海市政府融资窗口之一，后海市财政收入 19 亿元（不含土地出让金收入），土地成交收入 23 亿元，实际可支配财政收入达 42 亿元，账面存款 9 亿元。

附件：

信托贷款资金信托合同

委托人：________

受托人：________

依据《中华人民共和国信托法》、《中华人民共和国合同法》、《信托投资公司管理办法》、《信托投资公司资金信托管理暂行办法》及有关法律、法规和规章，委托人与受托人根据平等、互利原则签订本合同，共同遵照执行。

一、释义

本合同中除非文义另有所指，下列词语具有如下含义：

本合同：指《信托贷款资金信托合同》及对该合同的任何修订和补充。

信托当事人：指根据本信托合同享受权利并承担义务的委托人、受托人和受益人。

信托资金：指委托人按本合同第五条规定的数额向受托人交付的资金。

指定管理资金信托：指委托人在信托文件中就信托财产的运用方式、运用项目、运用期限等进行明确指定，由受托人根据信托文件管理、运用和处分信托财产的资金信托方式。

信托计划：指受托人制订的《济元市国际信托投资有限公司鲁信恒基公司信托贷款资金信托计划》。

信托计划资金：指信托计划成立日的所有信托资金。

信托文件：指本合同、信托计划和信托财产管理、运用风险申明书。

信托报酬：指受托人经营信托业务，依据本合同的约定收取的佣金。

工作日：指中华人民共和国国务院规定的金融机构正常工作日。

二、信托目的

委托人基于对受托人的信任，将其合法所有资金交给受托人管理，受托人按照本合同及信托计划，将信托资金与信托计划项下的其他信托资金以信托贷款的方式贷放给________，受托人将以贷款形成的信托计划财产作为信托利益的来源，将信托利益分配给受益人。

三、信托受益人

本信托为自益信托，委托人即受益人。

四、信托类别

本信托为指定管理资金信托。

五、信托资金的币种、金额及交付

本合同的信托财产初始形态为货币资金，委托人交付的信托资金为人民币（大写）________元（小写金额 ￥________元）。

1. 委托人为自然人的，可在受托人指定银行的营业场所签署本合同并交付信托资金。

2. 委托人为法人或其他组织的，可在受托人营业场所办理合同签署手续，并在合同签署后 3 个工作日内，将信托资金划至受托人指定的银行账户。

六、信托期限

本合同的信托期限为自本信托生效之日起 18 个月。本信托自信托计划成立之日起生效。

七、信托财产的构成、管理和运用

1. 信托财产包括下列一项或数项

（1）受托人因承诺信托而取得的信托资金；

（2）受托人因信托财产的管理、运用、处分或者其他情形而取得的财产；

（3）因前述一项或数项财产灭失、毁损或其他事由形成或取得的财产。

2. 信托财产的管理和运用

（1）本信托项下的信托财产，由受托人根据信托计划的规定，与信托计划项下的其他信托财产集合管理和运用。委托人签署本合同，即表示同意加

入信托计划。

（2）受托人对信托计划项下的信托财产单独记账，与受托人的固有财产分别管理。

（3）信托计划项下的信托财产用于向________提供贷款。贷款利息收入在信托利益分配前由受托人进行管理、运用，运用方式仅限同业拆放、银行存款。

（4）本信托项下的信托财产可以按公平市场价格与受托人的固有财产或其管理的其他信托财产进行交易。

八、信托利益的分配

信托终止，扣除第九条规定的信托费用后的信托财产归属受益人。信托利益按如下方式分配。

受托人于信托计划期满向受益人一次性支付信托利益，以现金方式支付，分配时间为本信托终止后的10个工作日内。

在信托利益分配日，由受托人将信托利益划至受益人指定的以下信托利益账户。

账户名称：________

银行账号：________

开 户 行：________

信托终止日至信托利益分配日间信托利益产生的银行存款利息归属受益人，在信托利益分配时一并支付。

九、信托财产税费的承担

信托财产应当承担的各项费用种类、数额与提取，按照信托计划的规定处理。本信托项下信托财产，按照本信托项下信托资金占信托计划资金的比例，分担信托计划财产应承担的费用。

十、受托人报酬

受托人报酬按信托计划的规定计算并提取。本信托项下信托财产，按照本信托项下信托资金占信托计划资金的比例，分担受托人的信托报酬。

十一、权利和义务

1. 委托人的权利

（1）委托人有权了解其信托财产的管理运用、处分及收支情况，并有权要求受托人作出说明；

（2）法律、法规和本合同相关文件规定的其他权利。

2. 委托人的义务

（1）保证信托资金是委托人合法所有的资金；

（2）将信托资金足额、及时划拨至受托人指定的银行账户；

（3）保证其享有签署包括本合同在内的信托文件的权利，并就签署行为已履行必要的批准或授权手续；

（4）保证设立本信托没有损害其债权人的利益；

（5）法律、法规和本合同相关文件规定的其他义务。

3. 受托人的权利

（1）自信托生效之日起，根据本合同及信托计划管理、运用和处分信托财产；

（2）按照本合同的规定获取报酬；

（3）作为________的债权人行使债权人权利；

（4）有关法律、法规和本合同相关文件规定的其他权利。

4. 受托人的义务

（1）根据本合同及信托计划的规定，恪尽职守，履行诚实、信用、谨慎、有效管理的义务，为受益人的最大利益处理信托事务；

（2）根据本合同的规定，以信托财产为限向受益人支付信托利益；

（3）妥善保管处理信托事务的完整记录、原始凭证以及资料，保存期自信托终止之日起不少于15年；

（4）对委托人和受益人以及处理信托事务的情况和资料依法保密；

（5）有关法律、法规和本合同相关文件规定的其他义务。

5. 受益人的权利和义务

（1）自信托生效之日起根据本合同享有信托受益权；

（2）受益人的信托受益权可以根据本合同及信托计划的规定转让和依法继承；

（3）根据法律、法规及本合同的其他条款享有权利，履行义务。

十二、风险揭示与承担

受托人管理、运用或处分信托财产过程中，可能面临各种风险，包括借款人的经营风险、管理风险、法律与政策风险、其他风险等。

受托人根据本合同及信托计划的规定，管理、运用或处分信托财产导致

信托财产受到损失的，由信托财产承担。

受托人违反本合同及信托计划的规定处理信托事务，致使信托财产遭受损失的，受托人应予以赔偿，不足赔偿时，由信托财产承担。

十三、信托受益权的转让

受益人可以转让信托受益权。

受益人转让信托受益权，应到受托人指定的营业场所办理转让登记手续，未办理转让登记手续的，不得对抗受托人。

受益人转让信托受益权，应当将本信托项下受益人的相应权利和义务全部转让给受让人。

本信托设立后，除本合同另有规定，未经受托人同意，委托人和受益人不得变更、撤销、解除或终止信托。

本信托因下列原因而终止：

（1）信托期限届满；

（2）信托计划终止；

（3）信托当事人一致同意提前终止信托；

（4）信托目的已经实现或者不能实现；

（5）本合同与信托计划另有规定，或法律、行政法规规定的其他事项。

十四、违约

若委托人或受托人未履行其在本合同项下的义务，或一方在本合同项下的保证严重失实或不准确，视为该方违反本合同。

本合同的违约方应赔偿因其违约而给守约方造成的全部损失。

十五、通知

1. 地址变化的通知

委托人与受托人在本合同中填写的联系地址为信托当事人同意的通信地址。一方通信地址或联络方式发生变化，应自发生变化之日起 15 天内以书面形式通知另一方。如果在信托期限届满前 5 天发生变化，应在两天内以书面形式通知另一方。

2. 受益人信托利益账户变化通知

信托期限内，受益人变更其信托利益账户，应以书面形式通知受托人，并持本合同及受益人身份证件到受托人营业场所办理信托利益账户变更确认手续。

上述信息变化，因委托人未及时通知受托人而导致任何损失，受托人不承担责任。

十六、其他事项

1. 纠纷解决与法律适用

本合同的订立、生效、履行、解释、修改和终止等事项适用中华人民共和国现行法律、法规及规章。

本合同项下的任何争议，各方应友好协商解决；若协商不成，任何一方均有权向受托人住所地人民法院起诉。

2. 合同组成

信托计划与风险申明书是本合同的组成部分，本合同未规定的，以信托计划为准；如果本合同与信托计划所规定的内容冲突，优先适用本合同。

3. 期间的顺延

本合同规定的受托人接收款项或支付款项的日期如遇法定节假日，应顺延至下一个工作日。

4. 合同生效

本合同于自然人委托人签字并交付信托资金（法人委托人的法定代表人或其授权代表签章、加盖单位公章、交付信托资金；其他组织的负责人或其授权代表签章、加盖单位公章、交付信托资金），受托人的法定代表人或其授权代表签章，并加盖单位公章之日起生效。

5. 申明条款

委托人在此申明：知晓________银行仅作为信托计划发行的代销方，不对信托文件的真实性负责，在签署本合同前已仔细阅读了本合同和信托计划，对本合同和信托计划所规定的所有条款均无异议。

6. 合同文本

本合同一式两份，具有同等法律效力，委托人、受托人各持一份。

委托人：____________________（自然人签字或机构盖章）

法定代表人/负责人或授权代表：____________________（签字）

受托人：____________________（公章）

法定代表人/授权代表：____________________（签字）

签署日期：________年________月________日

签署地点：____________________

【小新闻】

2009 年 1 月 7 日，冠城大通股份有限公司发布其公告称，其子公司北京太阳宫房地产开发有限公司以 15.34 亿元拿下了北京市朝阳区太阳宫新区 D 区土地一级开发项目，并已与有关政府部门签订土地一级开发监管托管协议及土地一级开发资金监管协议。

根据公告显示，冠城大通股份有限公司第七届董事会临时会议决议，公司下属控股子公司——北京太阳宫房地产开发有限公司就中标北京市朝阳区太阳宫新区 D 区土地一级开发项目事宜，于 2009 年 1 月 4 日与北京市土地整理储备中心朝阳分中心签署项目监管委托协议，与土地中心、北京银行股份有限公司酒仙桥银行签署项目资金监管协议。

公告还指出，太阳宫受土地中心委托自行筹措资金进行项目土地一级开发，开发周期为 18 个月（自开发授权批复之日开始至项目结案验收之日止）；土地一级开发投资总额为 15.34 亿元人民币；项目履约保证金为 1 000 万元，太阳宫应于授权批复之日起 6 个月内，将监管资金 5.37 亿元（为中标报价的 35%）划入土地中心在酒仙桥银行设立的土地一级开发资金监管账户。

冠城大通股份有限公司下属控股子公司——

北京太阳宫房地产开发有限公司重大合同公告

本公司董事会及全体董事保证本公告内容不存在任何虚假记载、误导性陈述或者重大遗漏，并对其内容的真实性、准确性和完整性承担个别及连带责任。

重要提示：

1. 合同类型：土地一级开发项目监管委托协议及资金监管协议。

2. 合同生效条件：朝阳区太阳宫新区 D 区土地一级开发项目监管委托协议（以下简称委托协议）经合同双方法定代表人签字并加盖公章后生效。朝阳区太阳宫 D 区土地一级开发项目资金监管协议（以下简称监管协议）经合同各方签字盖章之日起，至监管账户中余额为零时止。

一、情况概述

公司下属控股子公司——北京太阳宫房地产开发有限公司（以下简称太

阳宫）已通过投标方式竞得北京市朝阳区太阳宫新区D区土地一级开发项目。根据中标通知书内容，太阳宫就中标事宜于2009年1月4日与北京市土地整理储备中心朝阳分中心（以下简称土地中心）签署了委托协议，与土地中心、北京银行股份有限公司酒仙桥银行（以下简称酒仙桥银行）签署了监管协议。上述事项已经公司2008年12月18日召开公司第七届董事会临时会议审议通过（中标事宜及临时董事会决议内容请参阅公司2008年12月25日刊登在《中国证券报》、《上海证券报》上的《冠城大通股份有限公司下属控股子公司北京太阳宫房地产开发有限公司一级土地开发中标公告》）。

二、合同主要条款

（一）委托协议主要条款

1. 太阳宫受土地中心委托自行筹措土地一级开发资金，办理相关手续，进行土地一级开发的具体工作。

2. 开发周期

本协议约定的土地一级开发周期为18个月，土地一级开发周期自土地一级开发授权批复之日开始至项目结案验收之日止。

3. 开发投资总额

本协议约定的土地一级开发投资总额（含土地一级开发利润）为15.34亿元人民币。

4. 本协议约定的土地一级开发利润率为8%。

5. 资金监管制度

具体监管方式等见本公告“二、合同主要条款（二）监管协议主要条款”项下的内容。

6. 如项目入市前经双方协商一致，项目虽未完成本协议约定全部一级开发工作，但已具备入市交易条件，则太阳宫向土地中心设立的账户缴纳未发生的土地一级开发成本及土地一级开发利润后，可提供入市。该笔资金由太阳宫根据土地中心后续工作完成进度进行拨付。太阳宫完成本协议约定的全部一级开发工作，经土地中心验收合格后十个工作日内，土地中心向太阳宫退还土地一级开发利润及相应利息。

7. 协议生效

协议经土地中心和太阳宫双方法定代表人签字并加盖公章后生效。

（二）监管协议主要条款

1. 项目履约保证金

履约保证金为1 000万元。该保证金在太阳宫完成协议约定的全部一级开发工作，经土地中心验收合格后十个工作日内退还。

2. 项目监管资金额度及用途

项目监管资金额度为中标报价的35%，即5.37亿元。该资金主要用于太阳宫实施土地一级开发过程中征地、拆迁费用的支出。

3. 监管资金的交付时效

太阳宫应于授权批复之日起6个月内，将监管资金划入土地中心在酒仙桥银行设立的土地一级开发资金监管账户。

4. 监管资金的提供和使用

太阳宫依据监管资金使用计划表（以下简称计划表）以及土地中心与乡政府、村委会签订的征地补偿协议、与被拆迁人签订的拆迁补偿协议等文件向酒仙桥银行提供使用监管资金。

酒仙桥银行依据太阳宫出具的用款提供、计划表以及土地中心与乡政府、村委会签订的征地补偿协议、与被拆迁人签订的拆迁补偿协议等文件，同意太阳宫支付相应的款项，并按月以书面方式告知土地中心。

5. 协议生效

协议生效日期自土地中心、太阳宫、酒仙桥银行各方签字盖章之日起，至监管账户中余额为零时止。

三、备查文件

1. 朝阳区太阳宫新区D区土地一级开发项目监管委托协议

2. 朝阳区太阳宫D区土地一级开发项目资金监管协议

冠城大通股份有限公司

董事会

第七篇　建材企业授信方案篇

【案例1】　深圳汇江建材市场经营者授信方案

一、企业基本情况

（一）深圳汇江建材市场

1. 地处市区北中心，周边配套设施成熟。深圳汇江建材市场周边配套设施有大宁国际商业广场、红星美凯龙、卜蜂莲花超市、同济医院、第十人民医院，轨道交通有7号线、1号线等。

2. 市场管理规范，经营有序。深圳汇江建材市场的市场管理方为深圳汇江市场经营管理合作有限公司），经过10年的共同经营，深圳汇江市场已成为沪北地区最大的建材批发市场，市场占地面积20 000平方米，经营商户有180多家，经营商品涉及建材行业的各个领域，包括胶合板、五金、橱柜、石材，市场年销售额约40亿元。胶合板区域大约有100户左右的政和商户，主要经营胶合板、石膏板、轻钢龙骨等建材为主，经营模式以批发为主，零售为辅。年销售额在8 000万元以上的有60户。市场对商铺采取“单独出租、统一管理”，市场管理公司负责整个市场的消防、安全、卫生、货物进出的出门单管理，统一的对外宣传、广告等。每户的经营面积从500到1 000多平方米不等，租金价格大致水平在2～4元/平方米/天，采取店铺内现场展示、销售、仓储部分板材为一体的现货销售模式。

（二）建材市场的共性特征

1. 资金结算特点。银行在实地调查中，了解到在胶合板商户的经营活动中，现金交易的比例基本占到50%。在批发业务中，胶合板商户因常年的业务往来，积累了一批稳定的客户群，例如家具厂、部分工地等。这些批发客户往往采取按月结账方式，信誉高、采购量大的客户甚至采取累积到一定量再结账（例如每次按订单发货到对方指定地点，每累积到100万元再结账）的方式。批发客户中大多采取划账，或直接用票据结算。胶合板商户收到客户支付的票据，往往直接支付到上游工厂，用于进货。这样一来，这部分销售收入在企业的银行账户内就不能完全得到体现。在零售业务中，个人客户

自己或委托的装修工人直接用现金采购胶合板，其中现金大部分存入经营户本人（或配偶/亲戚/财务）的个人银行卡，还有部分直接用于支付日常的各项成本（门面租金/工人工资/运输费用等）。

进货资金结算方式是上游的品牌大厂可接受支票、电汇等支付方式，款到发货或款到后5天才发货。政和商户往往将工地、家具厂的付款票据转支付给品牌大厂，达到隐藏部分销售收入、合理避税的目的。非知名品牌小厂往往要求现金结算，特别是山东、河北的一些工厂只收取现金，款到基本可发货。

销售资金回笼情况是批发客户有现金、票据结算，零售客户以现金为主、少量刷卡。商户收取的现金用于现金采购、支付人员工资、房租、运输费等，部分存入私人的银行卡。总的来说，政和的胶合板批发行业商户的销售收入经过银行调查，销售额类型的比例基本在50%现金，50%非现金。

2. 进货及销售渠道。6家建材市场的进货渠道分布在全国各地，以广东、福建、浙江、江苏、河北、山东、湖南等省的厂家为主要进货源，经营莫干山、千年舟、兔宝宝、大王椰、声达、金蝶、统柚等著名品牌，科特龙、红波、艾士维、欧莱斯、奥力耐、龙塑、法狮龙、杰森、欧美帝、维德、佳帆、群捷、环球和环宇等其他板材品牌。4家建材市场经营商户一级品牌代理的比例为80%，贷款资金可直接支付到上游生产厂商，用于采购胶合板。厂家直销的比例约15%，贷款资金可直接支付到上游原料供应商，用于采购生产胶合板的原材料。主要销售销往深圳、浙江、江苏、华东地区及长江三角洲地区，同时为深圳的重点工程、市政项目、世博场馆的建设提供了大量的建筑材料。

3. 盈利模式。6家建材市场的销售目标客户主要有三类。一类是工地或家具厂。工地或家具厂因其要货量大、次数多，采取低价策略（一般按不同情况仅加价5%～10%），由工厂或仓库直接发货，可减少仓储、中转运输的费用。结算方式一般采取按月、按季度、按工程进度甚至按金额结账（每累计到50万元再结账），商户有较大量资金的垫付。二类是定期客户。定期客户采购量每次不同，次数较稳定，往往直接通过电话、传真发出采购指令，商户由现场、货仓发货，一般货到付款，账期不超过1个月，资金占用较小、一般按不同情况毛利在10%～15%。三类是散客客户。散客销售主要指上门的装修工人、首次接触的客户，一般到市场现场看样、订货，特点是拿货数

量少、随机性强、现金购买等，一般一次采购金额从几千元到五六万元，基本可保证15% ~20%的毛利。

4. 销售的周期性。胶合板行业因其较大的适用范围，一般销售周期波动不大，受房地产周期影响不大（住宅、商业的装修一般在5 ~ 10年，新房成交量减少不影响存量部分）。经实地调查，了解到在6月底、7月初受天气影响，销量会减少约20%。每年1月中旬开始到正月十五前，伴随着春节的外来人员回家过年，胶合板的生产与销售都会受到影响，但价格会有约10%的上升。一般商户都会囤货，一是因为供应不足，价格会上升，二是因为一过春节，新一年的年度计划定价，一般胶合板价格会小幅上涨，这主要是因为胶合板主要原料是木材，树木生长成材需要几年、十几年时间，国家对木材的砍伐量规定趋于严格，结果导致了木材价格逐年上涨。

二、银行提供的授信方案

银行向深圳汇江建材市场中主营胶合板的优质经营者发放“商户融资”业务。业务模式采取由深圳政和商会或深圳政和青年联合会推荐会员，以3户（含）以上的自然人联保为主担保方式，同时追加商会或青年联合会承担辅助担保，单一借款人贷款金额最高不超过1 000万元，授信客户范围为深圳政和商会或深圳政和青年联合会下的会员，借款人按实际贷款金额的15%在银行留存保证金，且其年销售收入须在8 000万元以上。具体方案如下。

（一）具体授信方案

1. 授信方式。单笔贷款或额度授信。

2. 贷款金额。总额度不超过6亿元人民币（含）。单一借款人贷款金额最高人民币1 000万元（含），且同时根据借款人在银行的存款日均余额及企业实际资金现金流缺口来核定具体贷款额度。

3. 担保方式选择。3户（含）以上自然人联保的担保方式，商会或青年联合会作为辅助担保，且组成联保组成员的年销售收入达到8 000万元以上，并按实际贷款金额的15%收取保证金。

4. 贷款利率。按基准利率上浮10%执行。银行可根据借款人每季度对私日均存款余额及贷款的存贷比每季度调整利率浮动值。以存贷比20%作为基准（包括保证金部分），利率为基准上浮10%；存贷比每增加或减少5%，贷款在原基础上下浮1%，以此类推，最低执行基准利率。

5. 还款方式。借款人可选择1 ~6个月还息后等额/等本还款、按月还息

一次还本方式两种还款方式。其中采用按月还息、一次还本方式的贷款须同时符合两个条件。贷款期限在1年（含）以内；借款人具有到期一次还本的现金流。

6. 贷款用途。个人经营周转资金（采购胶合板或胶合板原材料等）。

7. 贷款期限。贷款期限最长不得超过3年。

8. 保证金留存。按不低于实际贷款金额的15%收取。

9. 贷款资金支付方式。按照银行支付管理办法中的规定操作。

10. 还款来源。借款人的销售收入为第一还款来源，联保组成员保证为第二还款来源。

11. 借款人所需提供的资料

（1）借款人夫妻双方身份证复印件（核实原件）；

（2）借款人夫妻双方结婚证复印件（核实原件）；

（3）借款人夫妻双方户口簿复印件（核实原件）；

（4）借款人及配偶的收入证明原件；

（5）借款人家庭的资产证明复印件（房产证、自有车辆行驶证等、股票、债券等）（核实原件）；

（6）企业法人或个体工商户营业执照正本及副本复印件（核实原件）；

（7）银行卡对账单（近6个月，需银行加盖业务公章）；

（8）市场租赁合同及近3个月的租金发票复印件（核实原件，需租赁3年以上）；

（9）贷款用途材料；

（10）银行规定的其他贷款材料。

（二）胶合板市场风险防范

1. 行业风险的防范措施。针对行业市场风险的对策是经办人对国家宏观经济形势进行把握，尤其是与建材胶合板行业相关的基础建设、房地产行业整体把握，关注胶合板行业的价格波动、成交量，原材料价格大幅变化等，及时建立预警机制。

2. 经营商户信用风险的防范措施。经营商户信用风险的防范对策是对信贷资金的实际流向进行把握，以委托支付的方式划转信贷资金，用于企业正常的经营、生产活动。严禁银行贷款流向证券、房地产投资、股权投资，被借款人挪用、占用等违反一切法律、法规，与监管机构要求的资金流向。经

办行还将对贷款的操作流程全程监控，双人经办，严防漏洞，提高经办人的责任心、职业素养，严防经营商户的信用风险。

3. 道德风险的防范措施。道德风险的防范对策是关注借款人的经营情况、实际偿还能力、还款意愿、存货总量及交易记录，还将动态关注借款人的资产、负债的变化，确保其还款能力充足、还款意愿强烈。

4. 操作风险的防范措施。严格按照银行的批复条件及银行相关管理办法规定操作，让具有办理小企业主贷款经验的客户经理主办，将借款人各项资料的落实到位。

5. 市场内风险的防范措施。凡是向银行提供“商户融资”业务的商户，统一购买财产险，银行为第一受益人，且保险金额不得低于实际贷款金额。

（三）银行办理胶合板市场经营户贷款的贷前工作

银行主要将对借款人、用款企业和担保等情况进行调查和评估。主、协办客户经理将双人现场核实借款人及用款企业提供材料的真实性、完整性、合法性。调查中与借款人面谈的事项，经办部门会作详细记录，经借款人签字确认、照相后存档，撰写贷款调查报告。

1. 银行对借款人的调查将包括核实借款人及其配偶的身份证件、调查借款人相关资产情况（如房屋产权证、金融资产、有价证券等资料，并对资料的真实性进行核实）。通过中国人民银行个人信用信息基础数据库、银行个贷系统，查询借款人信用记录和其他负债情况，并整理分析。

2. 银行对借款企业的调查。经办人将调查、核实企业经营的合法性和企业还款来源的可靠性。现场调查企业营业场所、核对企业营业执照正本及副本并留存营业执照复印件。现场检查企业财务资料，包括财务报表、银行对账单、纳税证明等可证明其经营收入情况的资料。调查企业主要资产和负债情况、企业经营状况，并通过中国人民银行贷款卡、个人信用信息基础数据库信息系统查询借款人及用款企业信用情况。了解企业法人代表的个人爱好，特别是否有吸毒、赌博等违法行为。经办人对借款人信息进行汇总和分析后，着重对用款企业的借款原因、现金流量、还款能力和经营者个人信用情况作出的全面分析，特别是其还款能力和信用情况。

3. 银行对贷款用途调查。银行将调查企业贷款用途的真实性、合法性。测算用款企业的流动性资金周转需求，确保贷款用途的合理性。

4. 银行对担保方式的调查

（1）银行将着重对联保组的担保能力进行调查。

（2）联保人签署的相关联保协议是否有有效签章，是否当面签署（需照相留档），要对其真实性、合法性、有效性负责。

（四）贷中跟踪工作

1. 为深圳汇江建材等6家建材市场的贷款提供商户免费捆绑安装银行的“支付易”系统，以有效控制借款客户的经营状况、资金流情况，从而为防范风险起到一定监控作用。银行应每日或每周或每月查看已安装银行的“支付易”系统的经营者的销售资金及结算等相关情况，一发现异常，便及时上报相关部门，采取有力措施控制风险。

2. 在参考商会的推荐客户的同时，经办行将走访各建材市场的市场管理公司，对本市场内客户的交易量、信誉度、仓储的存货的情况都进行了解。在银行贷款过程中，建材市场对客户信息的收集、分析十分重视。对下列情况，银行将作为贷款预警信号。

（1）借款人拖欠市场租金的；

（2）借款人在市场的存货量比以往大幅下降的（参考仓储单，若有）；

（3）借款人在市场的交易量比以往大幅下降的（参考出门单，若有）。

银行结合市场的意见，每月对该市场内借款人做一次月报，关注其他贷款预警信号；一旦发生银行认为威胁到银行贷款资金安全的情况，例如借款人持续的抛售存货，已经严重低于正常经营水平的，市场将及时通知银行，并停止其货物出门。

（五）贷后管理工作

客户经理应履行贷后管理工作的职责，确保专款专用，对借款人及企业的经营状况进行持续跟踪。具体如下。

1. 及时关注市场的价格变动，及时预警该行业所面临的系统性风险。

2. 贷款发放30日内，须核实借款人和联保组成员是否已取得贷款合同等资料，并通过账户分析、凭证检验或现场调查等方式检查借款人是否按约定用途使用贷款等情况。

3. 按月了解授信客户企业的库存变化、是否存在库存积压的情况、现金流是否正常。

4. 要求授信客户个人及企业在银行开立结算账户，观察其结算贷款与存款存贷比情况。

5. 客户经理每季度走访深圳政和商会、深圳政和青年联合会，每月走访

深圳汇江建材等6家建材市场的市场管理委员会，掌握市场的情况，并侧面了解借款人及其企业的现状、经营情况等；同时要求商会会员中的联保小组的成员，对借款人进行监督。

6. 对于正常类贷款，放款后至少每半年对用款企业进行贷后检查，并撰写贷后检查报告；对于关注类贷款，须按月进行现场检查，若发现回收困难的，立即启动预警程序。

（六）交叉销售及综合效益分析

（1）按5亿元助业贷款额计算，将直接为银行带来年利息收入约3 669.6万元；

（2）带动个人储蓄存款增长约7 500 万元左右（按贷款余额的15%计算）；

（3）带动个人结算量增长约12 500 万元左右（按贷款余额的25%计算）；

（4）带动代发工资、个人网银、信用卡、理财等业务的发展。

【点评】

银行办理大部分房产抵押加自然人联保加成的方式，但主要担保方式还是采取“3～5户自然人联保”的方式，单户授信金额上限为1 000 万元（含房产抵押、担保公司担保、自然人联保等房产抵押加成担保模式），自然人联保组总授信金额为2 000 万元。

【案例2】　广州铁路局授信方案

一、企业基本情况

广州铁路局是国有特大型铁路运输企业，位于全国路网中心，与北京、济南、西安、武汉、上海、太原局相邻。全局管辖营业线路38条（包括支线），营业里程2 411.41 公里，线路总延展长度6 933.995 公里，其中正线10 086.6公里。管内15条干线纵横交织，既是豫、晋、陕三省煤炭外运的主要通道，又是京广、焦柳铁路的集散地，对于沟通内地与沿海及全国各大区之间的旅客运输和物资交流起着重要的作用，素有“中国铁路心脏”之称。

全局有四等以上车站673个，其中特等站7个、一等站33个、二等站23个、三等站122个、四等站488个。

二、银行提供的授信方案

该企业产业链标准流程如图7－1所示，银行根据该企业实际情况提供的授信方案，如表7－1所示。

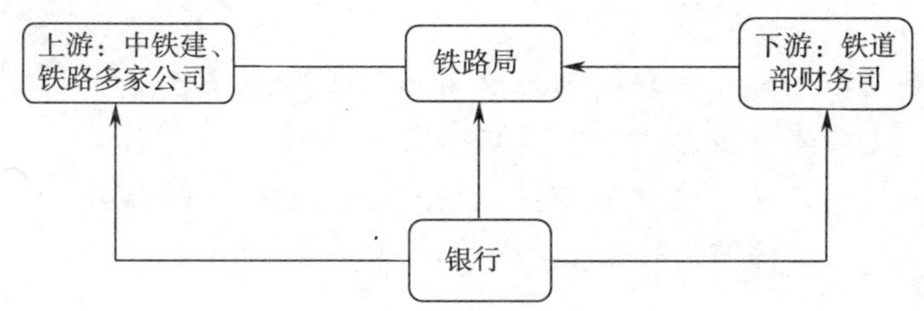

图7－1　产业链标准流程图

表7－1　授信方案

<table>
<tr><td>额度类型</td><td colspan="2">内部授信额度</td><td>授信方式</td><td colspan="3">单笔单批额度</td></tr>
<tr><td>授信额度（万元）</td><td colspan="2">50 000</td><td>授信期限（月）</td><td colspan="3">24</td></tr>
<tr><td>授信品种</td><td>币种</td><td>金额（万元）</td><td>保证金比例（%）</td><td>期限（月）</td><td></td><td></td></tr>
<tr><td>①技术改造项目的固定资产贷款</td><td>人民币</td><td>30 000</td><td></td><td>24</td><td></td><td></td></tr>
<tr><td>②商业承兑汇票保押</td><td>人民币</td><td>20 000</td><td></td><td>6</td><td></td><td></td></tr>
<tr><td>贷款性质</td><td>新增</td><td colspan="2">本次授信敞口（万元）</td><td>50 000</td><td>授信总敞口（万元）</td><td>50 000</td></tr>
<tr><td>担保方式及内容</td><td colspan="6">信用</td></tr>
</table>

该项目是铁道部筹划的对既有货运线路的电气化改造项目，符合银行信贷投向政策，且该项目所处铁路线路建设行业自新中国成立以来发展稳定，项目建成后将极大地缓解我国东西通道运能长期紧张的状况，对促进东西部地区物资交流、推动区域经济可持续发展将起到重要作用。铁道部为银行长期客户，从以往的合作记录情况来看，不论是资金结算还是贷款授信，该部在银行均表现出良好的信用记录，同时，在存款方面有力地支持银行。鉴于铁道部在我国铁路运输行业中处于绝对垄断地位，具有强大的经营优势及可持续经营能力，同时，其自身的经营稳定，资产规模庞大，拥有良好的财务

状况，具备较强的综合抗风险能力及偿债能力，因此，本次授信业务银行风险可控。

【点评】

铁路局属于银行非常理想的客户群体，铁路局属于政企合一单位，本身资金流极大，且有项目间建设需要，上游为施工企业和铁路系统的三产公司，银行可以积极针对铁路局营销商业承兑汇票和国内信用证产品。

【案例3】　中国水电建设集团十一工程局有限公司授信方案

一、企业基本情况

中国水电建设集团十一工程局有限公司，是中国水利水电建设集团公司的全资子公司。该公司具有国家水利水电、公路、房屋建筑工程三项施工总承包一级资质和公路路面工程、公路路基工程两项专业承包一级资质，市政公用工程施工总承包二级资质，以及对外经济合作经营资格的大型施工企业。

二、银行提供的授信方案

该企业产业链标准流程如图7－2所示，银行提供的授信方案如表7－2所示。

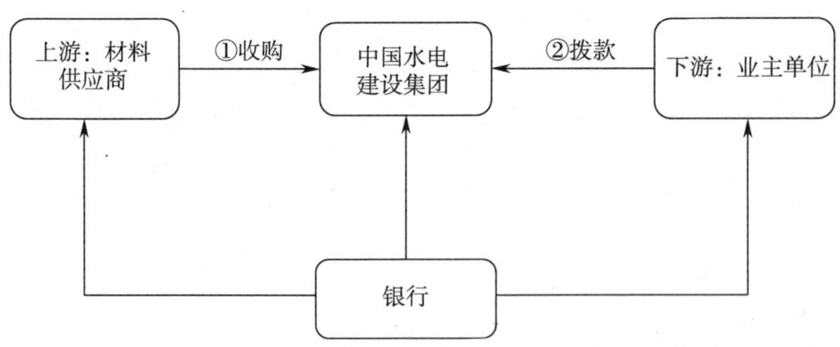

图7－2　产业链标准流程图

表 7－2　授信方案

额度类型	公开授信额度		授信方式	综合授信额度		
授信额度（万元）	25 000.00		授信期限（月）	12		
授信品种	币种	金额（万元）	保证金比例（%）	期限（月）	利/费率（%）	是否循环
①流动资金贷款	人民币	5 000.00	0.00	12	按规定执行	是
①投标保函	人民币	20 000.00	0.00	12	按规定执行	是
贷款性质	新增	本次授信敞口（万元）		25 000.00	授信总敞口（万元）	25 000.00
担保方式及内容	信用					
5 000 万元流动资金贷款、2 亿元投标保函均按银行规定可串用						

【点评】

特大型施工企业关联的企业极为众多，很多材料供应商浮生在周围，银行可以借助特大型施工企业关联营销众多的配套企业。对于客户经理而言，一定要打开思维，活学活用营销思路，将所有的客户都视之为可以利用的渠道类资源，不要局限于这个客户本身的价值，而要看整个产业链，看这个客户的上下游。

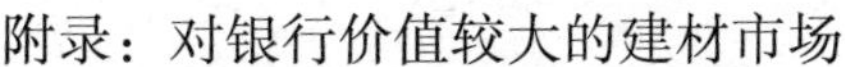

附录：对银行价值较大的建材市场

1. 烟台东方装饰建材大市场
2. 淮南安成鑫海建材大市场
3. 安徽蚌埠红星美凯
4. 石家庄家福特建材超市
5. 安徽红旗建材批发市场
6. 江西粤新建材大市场
7. 南昌市洛阳路建材市场
8. 南昌建材大市场

9. 苏州凤凰建材市场
10. 江苏省华东石材市场
11. 江苏大丰港建材城
12. 乌鲁木齐华凌综合批发市场
13. 新疆广汇美居建材市场
14. 拉萨天海建材市场
15. 杭州石桥装饰材料中心
16. 杭州新时代经济建材馆
17. 杭州东方家园建材家居
18. 杭州中南建筑装饰材料市场
19. 杭州中豪建筑装饰材料市场
20. 宁波开发区港城建材市场
21. 武汉红太阳建材综合市场
22. 武汉东方红陶瓷建材市场
23. 武汉宜家装饰材料广场
24. 武汉鸿达建材市场
25. 武汉华中建筑装饰材料市场
26. 河南新东方装潢材料市场
27. 郑州东方国际家居广场
28. 郑州灯具城批发市场
29. 郑州凤凰名优建材城
30. 郑州西四环建材市场
31. 郑州金三角建材城
32. 郑州名优建材市场
33. 郑州天荣国际建材港
34. 河南鹤壁天泰建材批发大市场

第八篇　公路行业授信方案篇

公路行业产业链全景如图 8 -1 所示。

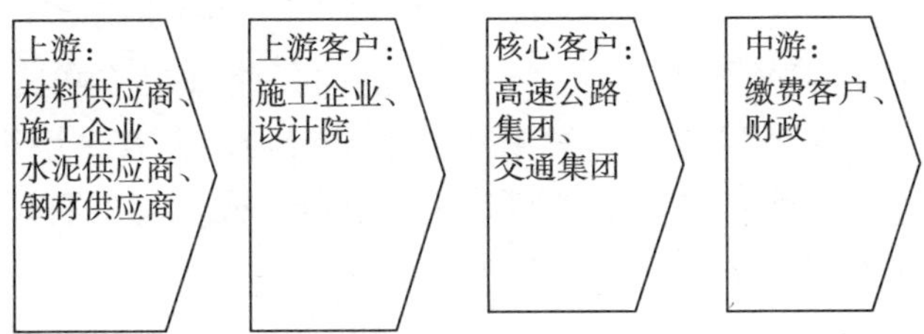

图 8 -1　产业链全景图

一、寻找客户信息渠道

中国建材采购网：http：//www. jiancai365. cn/

中国沥青再生网：http：//www. asphaltrecycling. cn/

中国公路网：http：//www. chinahighway. com/

中国工程项目招标网：http：//www. gczb. cn/

二、行业经典客户

深圳高速公路股份有限公司、山东高速集团有限公司、安徽省高速公路控股集团有限公司、广东省高速公路发展股份有限公司、华北高速公路股份有限公司、山东高速公路股份有限公司、重庆高速公路集团、陕西高速公路集团、山东高速公路集团、吉林高速公路集团、江西省高速公路集团、安徽高速公路集团、高速公路控股集团 、天津市高速公路集团。

三、授信思路

1. 在公路产业链，对于银行而言，最有价值的客户并不是高速公路公司，而是公路配套企业，如施工企业及钢材、水泥供应商等。公路公司实力非常强，对施工企业、材料供应商处于强势地位，可以向上游企业支付商业承兑汇票，银行可以营销交通集团保贴业务。借助高速公路公司，关联营销其配套企业，这样回报远远高于单纯提供流动资金贷款。银行设计授信方案一定要记住，不要独立提供授信产品，应当充分考虑产品组合。不要将授信还款来源唯一设定为来自企业销售资金或其他银行资金来源，可以加入本行的资

金来源。将授信产品之间既考虑横向组合排序，同时考虑纵向组合排序，以后续的授信产品置换前期的授信产品，实现封闭自偿。

2. 授信用途：流动资金贷款用于补充企业日常经营所需的流动资金，用于项目建设前期拆迁、建设原材料订购等资金周转，该品种贷款在总授信中占比最少。提供融资工具允许在各产品之间串换使用，例如贷款串用为银行承兑汇票。银行承兑汇票串用为贷款等，提高授信产品使用效率。

3. 应当提供较大量的商业承兑汇票，借助公路公司关联营销其供应商、施工企业。通常公路公司有着非常畅通的融资渠道，尤其是层级较高的省交通集团、省交通厅，多在资本市场融资（或上市、或发行短期融资券），这类客户对降低财务费用需求迫切，最重要的融资品种应该是票据。

4. 在授信产品结构中，配比较大金额的商业承兑汇票、少量的贷款。由于借助商业承兑汇票可以营销众多的施工企业、供应商；提供流动资金贷款，通常存款沉淀很低，而且利率多是基准下浮，银行收益很低。

5. 公路公司固定资产建设投资金额较大，周期较长，在项目建设期有较多的工程款、材料费等支出，这部分支出银行可以提供银行承兑汇票或商业承兑汇票保贴等产品帮助企业完成支付，降低企业的融资成本。

6. 并购贷款。公路行业的并购行为较多，尤其是政府主导下的高速公路投资集团，可以提供并购贷款，银行发放一笔期限较长的融资。

四、公路行业特点

（一）收费公路盈利模式

经营性收费公路商业模式主要是特许经营。特许经营基本模式是由政府授权公路投资者，允许其建立特许经营公司，成为独立的经济法人，在一定时期内享有公路建设和运营管理的特权。经营期内，公司可通过收取车辆通行费和综合开发经营，回收投资并获取收益。经营期满后，将公路无偿归还国家。收费年限和通行费费率由省一级政府审批决定，特许经营公司的所有权可以按照国家规定程序转让。

（二）高速公路行业特点

收费使得高速公路作为企业主要资产进行经营成为可能。高速公路企业经营、开发收费公路业务，车辆通行费是公司的主要收入来源。

高速公路行业是资本密集型行业，初始投资大，回收期长。公路资产流通性差、见效慢等问题使高速公路行业的发展长期依赖财政投资和银行贷款。

公路行业对经济周期敏感性一般比其他行业低，这使之成为理想的防御风险的投资品种。但是，经济周期的变化会直接导致经济活动对运输能力要求的变化，导致公路交通流量及收费总量的变化。

高速公路行业具有投资大、收益稳定、低风险、投资回收期长等特点。

五、公路行业融资结构图示

公路行业融资结构如图 8－2 所示。

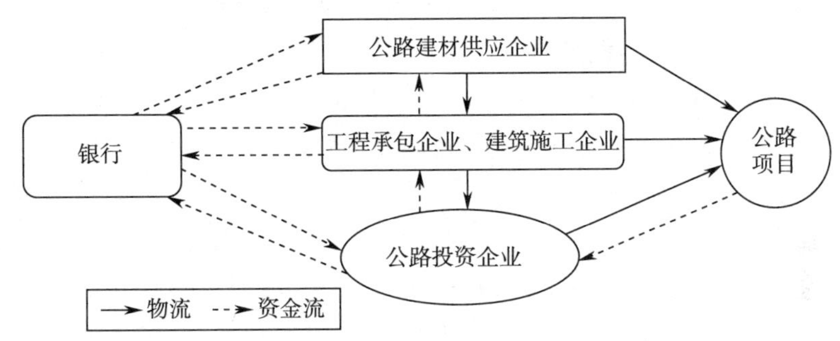

图 8－2　公路行业融资结构图

六、公路行业授信方案

（一）公路行业常见融资方式

1. 统贷统还。各省（市）交通厅、公路局、高速公路管理局（公司）主要负责督导项目计划的落实，是本地交通建设项目的投资主体，代理政府行为，一般由借款人统一申请授信，统一安排到项目中。这类是银行最喜欢的客户群体，不过审批授信容易，但是营销这类客户存款却很困难。

2. 统一授信、授权操作。各省（市）交通厅、公路局、省（市）交通集团作为授信主体，向银行申请授信，授权下属单位使用其获得授信额度或者下属公司自行申请贷款，由总公司提供担保。

3. 项目融资。各地政府针对具体路段出资成立项目公司，以该项目的收费权作为质押，以项目产生的现金流作为还款来源，通常股东不提供担保。

（二）具体品种

1. 贷款融资

（1）短期流动资金贷款，其借款主体一般为交通集团、交通厅、高速公路公司，申请 1 年期左右的流动资金贷款，用于企业的经营周转需要。

（2）长期项目贷款，一般为 3 年期以上，用于项目的建设使用，借款主

体一般为具体的项目公司。

（3）银团贷款，其借款主体一般为项目公司、为建设项目提供贷款的国内外信贷机构和国际金融组织，在通常情况下表现为银行为特定项目联合组成的银团。

2. 票据融资、委托贷款、过桥贷款

银行承兑汇票和商业承兑汇票，由于公路行业客户普遍有息债务金额较大，每年利息支出较大，为降低财务费用，公路投资和施工企业最近几年大量使用票据对外支付工程款。

由于票据可以实现供应链营销，可以借助公路投资企业关联营销上游企业——施工（建筑安装）商、建筑材料供应商和设备供应商。各地交通集团大量使用票据进行对外支付。

银行贷款仍然是高速公路建设筹资的主要渠道。在实行多元化、多渠道的高速公路建设投融资体系中，来自银行贷款占投资总额很大比重。银行贷款占高速公路建设资金支柱地位的格局并不会发生变化。“贷款修路，收费还贷”的公路建设模式还将是我国公路建设领域的主要融资方式。

（三）还款方式

我国高速公路资金来源主要有以下形式。

1. 财政拨款

中央和地方政府财政预算内拨款，主要用于国家重点高速公路建设、国道和区域干线公路建设。

2. 征收的各种税费

如燃油税、高速公路通行费、各类地方公路建设基金等。各种专项税费和财政性收费项目资金，如车辆购置税、燃油税等，一般都是先征后返，是各地交通客户主要经营活动的现金来源。近年来，得益于国内经济的快速发展以及汽车消费的日益普及，车辆购置税、燃油税等收入呈现快速增长态势。费改税后，燃油税将由中央财政采取转移支付方式定期划拨给各地方，银行可以提供过桥融资，先行向各地方政府提供贷款用于公路修建，待中央财政划拨资金到位后，扣划归还银行贷款。

【案例1】　北京国兴国际贸易有限责任公司——沥青货押融资方案

一、企业基本情况

北京国兴国际贸易有限责任公司注册资金1 000万元，为北京市公路系统

主要沥青供应商。公司是规模领先沥青进口企业，从事沥青进口已有10年历史，公司在沥青进口方面拥有非常丰富的行业经验和广泛客户资源，在业内已形成一定品牌效应。北京国兴国际贸易有限责任公司在进口沥青方面合作的客户主要是埃索公司和壳牌公司，埃索公司是世界知名的沥青和润滑油供应商，壳牌公司是世界上最大的沥青供应商之一。壳牌公司和埃索公司所供沥青质量优良，这使得北京国兴公司在北京市公路系统的项目中标率较高。

北京国兴国际贸易有限责任公司进口沥青程序：首先与埃索公司和壳牌公司就进口沥青谈定价格，锁定底价，然后参加国内高速公路投标，保证公司盈利水平。北京国兴国际贸易有限责任公司未来一到两年参加投标项目：柞水到安河段高速公路、蓝田到商钦州段高速公路、商钦州到商友县高速公路、商钦州到漫瀚关段高速公路、永寿到长武段高速公路，总里程约500公里，沥青需求量25万吨。

二、银行授信方案

银行提供50天左右押汇，信贷资金安全较有保证。

（一）风险分析

北京国兴国际贸易有限责任公司参加市内高速公路项目一般由各地实力强劲的各大交通集团、厅、公路公司承建，高速公路项目业主方资金实力雄厚，付款有保证。

北京国兴国际贸易有限责任公司进口沥青项目周期根据合同签订时的供货周期而定，一般为6个月到1年，分批次供货，从开证到沥青到港平均为1个月，报关约10天，从港口运至项目施工地约10天，货到付款一般为15天左右。

（二）授信策略

对北京国兴国际贸易有限责任公司授信品种主要是进口开证和开立保函，这两项业务与北京国兴国际贸易有限责任公司经营高度关联。首先提供保函，便于该公司参加沥青材料投标；其次提供进口信用证，用于中标后进口各类沥青；最后提供进口押汇，用于解付信用证，便于北京国兴国际贸易有限责任公司提取沥青销售。

银行提供的授信方案如表8-1所示。授信方案不仅可以增加银行存款沉淀，而且可带来较高的中间业务收入，初步估算，可以带来6.7万元的中间业务收入，综合收益明显。

表8－1　授信方案

额度类型	公开授信额度		授信方式	综合授信额度		
授信额度（万元）	5 000		授信期限（月）	12		
授信品种	币种	金额（万元）	保证金比例（%）	期限（月）	利/费率（%）	是否循环
①进口开证授信	人民币	3 000	20.00	12	0.1	是
②投标保函	人民币	2 000	10.00	12	0.1	是
贷款性质	新增	本次授信敞口（万元）		4 200	授信总敞口（万元）	4 200
担保方式及内容	保证人：沥青货物质押					

（三）业务流程

该企业融资业务流程如图8－3所示。

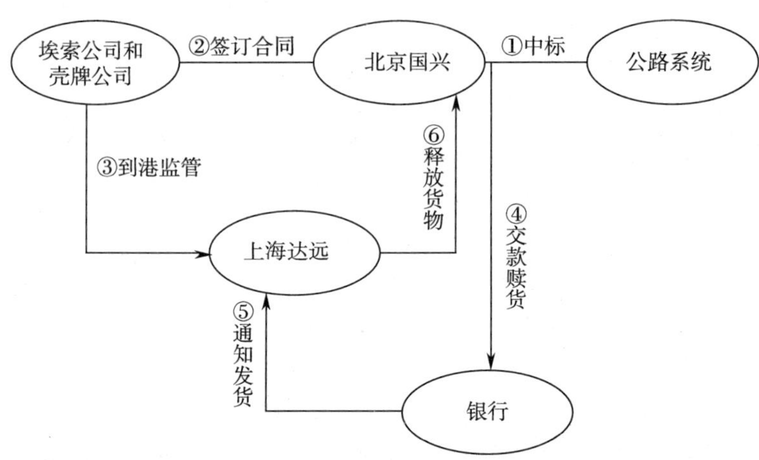

图8－3　业务流程图

1. 银行为北京国兴国际贸易有限责任公司核定综合授信额度（进口开证授信3 000万元；投标保函2 000万元），其中，进口开证3 000万元额度为未来货权质押。

2. 北京国兴国际贸易有限责任公司参加沥青供应投标，在银行缴存40万元保证金，在银行核定的保函额度内，办理200万元投标保函。

3. 北京国兴国际贸易有限责任公司参加沥青供应中标后，与国外供应商

（埃索公司和壳牌公司）签订《沥青进口合同》，在银行缴存600万元保证金，银行办理3 000万元进口信用证。为保证货物到港后关税的支付，北京国兴国际贸易有限责任公司还需要在银行开立监管账户，另存开证金额的22.85%（5%关税+17%增值税）作为报关资金保障。

4. 货物到港后转为现货质押，由上海达远物流配送有限公司作为仓储监管方。货物到连云港后进入上海达远物流配送有限公司指定仓库转为现货质押，入库后北京国兴国际贸易有限责任公司缴纳保证金提货，上海达远物流配送有限公司对该货物提供监管，承诺凭银行的提货通知书放货。

5. 北京国兴国际贸易有限责任公司缴存保证金，银行通知上海达远物流配送有限公司释放同等金额的货物，直至最后首次签发进口信用证对应的货物被提取。

【点评】

本案例采用的是订单融资，沥青行业最适合提供订单融资，依托下游大型施工企业的订单，银行对沥青经销商提供融资。具体授信品种上，可以考虑提供国内信用证或银行承兑汇票。

【案例2】　广深高速公路有限公司——公路建设资金监管方案

一、企业基本情况

广深高速公路有限公司注册资金15 000万元，公司经营的广深高速公路为高等级高速公路项目。广深高速公路总投资47亿元，项目建设周期5年，该项目由昆明新华第一建设有限公司、昆明昆下建设有限公司等承建。广深高速公路有限公司每年需要支付金额较大的工程款，由于项目承建商昆明新华第一建设有限公司、昆明昆下建设有限公司等普遍承揽多处工程，而且被拖欠现象严重，缺乏流动资金。因此，经常拆东墙补西墙，挪用项目建设资金，导致重点工程工期被拖延，个别建设公司甚至大量拖欠农民工工资，产生了劳动纠纷，广深高速公路有限公司对此非常头疼。

二、银行授信方案

广深高速公路有限公司为某银行重点客户，银行对其贷款投放较大，但是，该客户在银行存款沉淀一直不多，为提高广深高速公路有限公司整个产业链的存款，提升对银行价值回报，某银行设计协助广深高速公路有限公司监管建设项目资金。由于广深高速公路有限公司对建设公司处于绝对强势地位，要求建设公司在银行开立账户、接受资金监管难度很小。

银行与广深高速公路有限公司约定：广深高速公路有限公司委托银行对项目建设资金使用进行监督管理，主要是对农民工工资发放、大宗资金去向和非用于本项目的生产资金流向进行控制，以保证项目资金专款专用。

广深高速公路有限公司与建设公司在合同谈判中，提出对承包人各项大宗支出实行资金监管。本着"就近就便、集中开户、统一管理"的原则，指挥部与某银行签订委托银行协助监管公路建设资金协议书。协议书中规定，施工企业在每月25日前作出本月用款计划报送银行，银行根据委托银行协助监管公路建设资金协议书进行审核，将审核结果每月报备广深高速公路有限公司。银行按委托银行协助监管公路建设资金协议书约定，符合规定的对外支付。若超出规定范围的，银行有权拒付。

三、业务流程

该公司授信业务流程如图8－4所示。

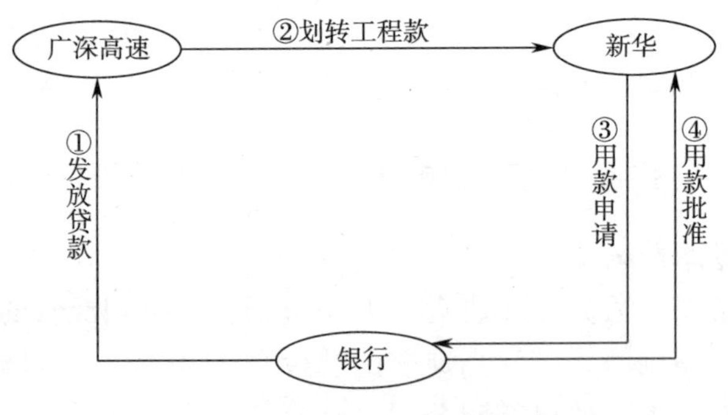

图8－4　业务流程

1. 某银行为广深高速公路有限公司发放2亿元工程建设项目贷款，广深高速公路有限公司向银行提供施工企业名录，并向施工企业说明，工程建设款将委托某银行监管。

2. 某银行与广深高速公路有限公司及新华第一建设有限公司签订工程建

设资金监管协议，广深高速公路有限公司支付新华第一建设有限公司2 000万元工程款，全部划入新华第一建设有限公司在某银行开立的监管账户，新华第一建设有限公司承诺资金仅能用于发放农民工工资和购买确定钢材、水泥等建设材料。

3. 新华第一建设有限公司每月 25 日前书面向某银行报送下月的用款计划，某银行根据工程建设资金监管协议进行审核。符合规定的，对外支付。若超出规定范围的，银行有权拒付。将审核结果每月报备广深高速公路有限公司。

4. 广深高速公路有限公司和新华第一建设有限公司在银行沉淀相当量的银行存款。

【点评】

本操作可以推广到房地产行业、港口建设等凡是涉及工程施工的行业，银行通过监管资金用途提高信贷资金的存款沉淀。必须清醒地认识到，优质的房地产公司、港口集团、交通集团等客户普遍非常强势，给这些客户贷款希望获得较高的存款沉淀很难，可以借助这些客户在产业链中较为强势的便利，通过提供资金监管业务，提高这些强势客户产业链的存款回报。

【案例3】　大同新元高速公路有限公司——公路票据通融资方案

一、企业基本情况

大同新元高速公路有限公司注册资金 3 亿元，总资产 147 亿元，主营业务收入 54 亿元，净利润 3 亿元，为特大型国有企业。主要业务范围为高等级公路建设、管理、开发、经营、公路工程咨询、设计等。公司信誉良好，资金运作能力较强，是各家银行黄金客户。

大同新元高速公路有限公司得到政府大力支持，公司经营公路符合国家产业和经济政策。公司投资的公路多为连接发达经济区域收费高速公路，项

目现金流较强。公司经营较为稳定，抗风险能力较强。如果融资工具合理，能给银行带来较好的回报和收益。

大同新元高速公路有限公司上游有大量的材料供应商及施工企业，需要支付金额较大的工程款，年支付金额高达20亿元。

二、银行授信方案

大同新元高速公路有限公司由于在各家银行闲置授信额度较多，某国有商业银行属于新进入者，虽然已经签订合作意向协议，但是大同新元高速公路有限公司很少提款。传统贷款方式对大同新元高速公路有限公司吸引力不大，某银行决定通过帮助客户降低财务费用角度切入客户。

1. 企业产业链分析

银行经过分析认为，大同新元高速公路有限公司主要资金来源是银行贷款融资，由于贷款金额较大且利率较高，大同新元高速公路有限公司财务费用压力较大。

大同新元高速公路有限公司是高速公路经营企业，其原材料供应主要是工程材料（如路灯、隔离障等）、钢绞线与水泥。工程材料（如路灯、隔离障等）由大同新元高速公路有限公司直接与供应商签订供货合同；钢绞线与水泥由大同新元高速公路有限公司联合各施工企业共同招标，合同由各施工企业与各中标供应商签订，公司请监理公司监督质量。砂石供应商由各施工企业自行联系、商谈，公司监督质量。

大同新元高速公路有限公司主要资金用途：工程款、物资采购、人员开支、水电费、银行贷款本息等。人员开支、水电费、到期银行贷款利息属于特定支出，以现金支付基本不可改变。其中，工程承包款项、劳务款项为公司主要支出，供应商及工程承包商对于收款方式没有严格要求，只是希望能够尽快拿到现金，并且这些客户有较强的价格承受能力。某银行认为大同新元高速公路有限公司每年有大量通行费收入及上级部门划拨的养路费，因此，主业现金流较为稳定，具备较强的解付票据能力。

2. 企业运作根据分析

大同新元高速公路有限公司运作模式：成立杭州新元信马高速公路工程建设指挥部，由指挥部负责对外签署《工程劳务合同》及《对外采购工程材料合同》（如路灯、隔离障等）。

3. 银行设计方案

银行综合分析，设计的融资方案如表8－2所示。

表 8－2　大同新元高速公路有限公司公路票据通方案

供应授信资源描述	授信工具	银行承兑汇票、流动资金贷款	期限	1 年	流动资金贷款 银行承兑汇票	1 亿元 1 亿元
保证金比例	0	敞口	6 亿元	担保方式	信用	
授信根据	1＋N 供应链融资					
核心企业	大同新元高速公路有限公司					
承贷企业	大同新元高速公路有限公司的供应商（施工企业、材料供应商）					
银行收益	1. 银行承兑汇票手续费：1 亿元银行承兑汇票额度，一年可以签发 2 次，赚取 10 万元手续费。 2. 利息收入。(1) 贴现利息收入：平均贴现利率按照贴现利率约 6%，一年 2 亿元票据，约可以获得 600 万元左右的贴现利息收入。(2) 贷款利息，平均贷款利率按照 7%，约可以获得 700 万元贷款利息收入。 3. 存款收益：流动资金贷款约可以获得 10% 比例存款沉淀。通过银票关联营销上游供应商，约可以获得 40% 的存款沉淀。整个方案约可以获得 5 000 万元存款沉淀					
融资合理性分析	大同新元高速公路有限公司年需要资金约在 30 亿元左右，通过本方案提供 2 亿元左右的票据组合融资，融资需要符合商务规律					
风险描述	整个供应链融资方案建立在大同新元高速公路有限公司实力较强，履约风险较小的基础上					
法律文本	使用本行标准化的协议文本					
前期条件	授信额度中银行承兑汇票收款人限定为供应商，且供应商必须在本行办理代理贴现，贴现后资金回行率不低于 40%					

（1）票据支付工程款方案。通过票据可以将部分财务费用转嫁给供应商、工程承包公司、材料供应商，经过认真分析，某银行认为，工程及劳务款支付可以使用票据，工程承包公司项目经理部可以持票办理贴现。

（2）授信额度授权使用。大同新元高速高速公路有限公司作为授信主体，可以授权其内设部门——大同新元高速公路有限公司工程建设指挥部与银行签署具体银行承兑汇票承兑协议。

（3）汇票背书使用工程承包公司项目经理部自身预留印鉴；贴现凭证、贴现协议使用工程承包公司项目经理部公章、预留印鉴；使用中标公司贷款卡录入贴现信息。

4. 业务流程

该融资业务流程如图 8－5 所示。

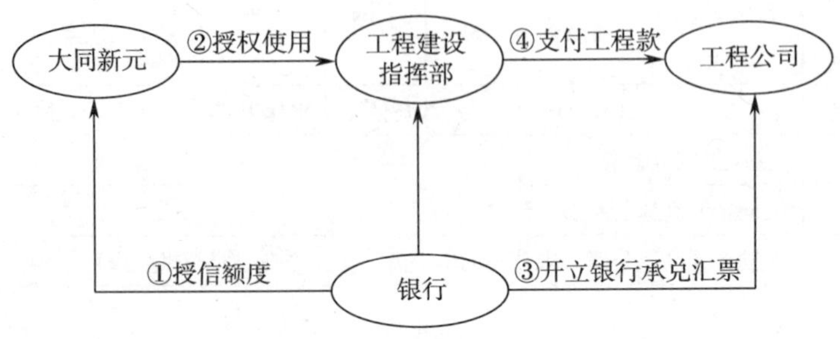

图 8－5　银票业务流程图

（1）大同新元高速公路有限公司接受该银行设计的金融服务方案，银行为大同新元高速公路有限公司核定 6 亿元综合授信额度，其中银行承兑汇票额度 5 亿元，流动资金贷款 1 亿元。

（2）大同新元高速公路有限公司指定由大同新元高速公路有限公司工程建设指挥部作为银行承兑汇票的出票人，大同新元高速公路公司授权大同新元高速公路有限公司工程建设指挥部使用其在银行 5 亿元银行承兑汇票授信额度并提供相应担保。

（3）大同新元高速公路有限公司工程建设指挥部提供与××施工企业项目经理部签订的工程承包合同，银行为其办理 2 000 万元银行承兑汇票。

（4）××施工企业项目经理持票在银行办理贴现业务，提供根据税收制度有关规定出具的发票及工程承包合同，某银行办理票据贴现。

5. 操作细节

（1）需要由高速公路有限公司提供各路段项目经理部名称资料。

（2）需要由中标工程承包公司提供该路段项目经理部为其下属单位的文件。

（3）需要由中标工程承包公司提供各路段施工协议，由中标公司对项目经理部出具授权书，内容包括：项目经理部使用中标公司所有法律文本资料在银行开立账户，户名为该路段项目经理部；同意使用项目经理部的公章、财务专用章和项目经理名章作为该账户预留印鉴章。

（4）项目经理部使用预留印鉴章在银行办理高速公路有限公司签发承兑的银行承兑汇票贴现业务。

【点评】

全国高速公路建设中类似情况很多，普遍存在着高速公路有限公司下设路段指挥部，代理行使管理职能的情况，该方案作为对优质客户提供票据贴现业务差异化服务的一种尝试。

根据《人民币银行结算账户管理办法》及《人民币银行结算账户管理办法实施细则》相关规定，建筑安装公司项目经理部因办理临时经营活动，需要开立银行账户时，应经人民银行批准后开立临时存款账户，办理临时经营活动发生的资金收付。银行承兑汇票是一种结算工具，项目经理部当然可以作为汇票收款人。

在工程款支付中使用票据是最近出现的现象，在工程劳务结算中，往往单笔票据金额小、期限长、频次多，收票企业普遍议价能力较差，是银行可以争取的高收益票据客户群体。但是这些客户往往贴现手续不全，如缺少贷款卡、不能开户等，需要银行协助客户完善手续。

【案例4】 中润公路预付款保函融资方案

一、企业基本情况

中润公路林甸段的拆迁改造工作属于中润公路建设工程的一部分，由黑龙江省交通厅指派林甸县人民政府负责实施，林甸县政府委托县交通局负责具体工作。其工程将会产生两笔资金，一是占地补偿款，二是工程建设资金。而林甸县人民政府负责中润公路林甸段拆迁扩建工作，为银行的公司业务拓展提供了良好商机。

为了保证工程质量和资金安全，黑龙江省交通厅要求林甸县政府进行出资担保，但县政府没有资金进行担保，只能争取当地银行机构为其提供担保。

二、银行授信方案

在得知这一信息后，银行立即组织召开了专题会议，围绕客户需求，研究营销策略，制订营销方案。

银行为林甸县政府办理的保函业务属非融资类的履约保函。此业务为保函业务，银行在全国没有发生一笔，同业内没有经验可以借鉴。但是，银行没有放弃这个“烫手山芋”，一方面积极与工程建设办公室沟通，一方面向省分行请示，银行与林甸县政府签订了开立保函合同，并出具了履约保函协议，成功办理了全国第一笔履约保函业务，实现了由单方面提供服务到双方合作共赢的一个巨大转变。

银行依托遍布城乡的网络优势，以代发业务为切入点，以客户需求为核心，开展了工程建设类公司业务项目营销活动，取得了良好成效。同时，成功办理第一笔保函业务。最终，该工程建设类客户在银行开立公司账户 3 户，存款额合计达到 1 800 万元，预计累计存款额将达到 2. 9 亿元。

交通局领导终于同意在银行开立工程建设指挥办公室账户，用于发放占地补偿款。

【点评】

银行获得及时、准确、全面的信息是拓展存款的关键。有效整合内外部资源，通过财政、工商局及其他商业银行等途径了解到全市的大型建设投资项目、招商引资项目、新增加的中小企业客户、对公资金存量及结算量等多方面具体信息，并通过调查，掌握这些目标客户的基本情况。加强对信息的分析与应用，对市场环境、产品市场定位有了更加清晰和准确的认识：要想在公司业务发展上尽快取得进展，不能在市场上与工商银行、农业银行、中国银行、建设银行等大型商业银行硬碰硬，要打擦边球。

银行保函业务是指银行应申请人的要求，向受益人作出的书面付款保证承诺，银行将凭受益人提交的与保函条款相符的书面索赔履行担保支付和赔偿责任。

【案例5】　北京市公路桥梁建设集团有限公司保函融资方案

一、企业基本情况

北京市公路桥梁建设集团有限公司注册资金4.76亿元，具有公路工程施工总承包特级、市政公用工程施工总承包一级、桥梁工程专业承包一级、公路路面工程专业承包一级、公路路基工程专业承包一级及城市轨道交通工程专业承包资质，是一家以公路桥梁建设为主的国有大型建筑集团。

路桥集团下设6个控股子公司、4个分公司。

公司流动资金缺口产生的主要原因：第一，业主拨付施工款滞后。根据施工计量流程的规定，业主拨付工程款需等待监理人员验收后才能支付，而验收及付款流程一般需要3~4个月。因此为确保工程按时按质完成，公司必须先行支付在延期付款期限中发生的施工费用，产生公司营运资金补给需求，这种需求随着施工规模的扩大而增加。第二，投标保证金的占用。

业主要求企业以存入投标保证金的方式进行招标工作（投标保证金一般占用周期为1~2个月，长则可达3~4个月）。由于上述原因，企业的日常资金流动受到了一定的影响，因而增加了企业对流动资金的需求。

以公司往年的盈利能力（主营业务利润率5.75%）测算，增加的2亿元施工量平均到每月将带动3 000万元的成本资金的投入。因此总计将形成约9 000万元左右的营运资金的缺口（以3个月延期付款计算）。同时，由于公司在外埠市场的投标及履约保证金占用了一定的规模（约1亿元），随着外埠市场投标中标量的增加还将进一步扩大投标、履约保证金的占用量。

二、银行授信方案

1. 保函用途

（1）投标保函。主要用于工程前期，一般先由业主发出投标邀请，然后施工企业根据投标邀请情况整理投标文件，进行投标。近几年，北京市公路市场标段主要呈现“散”的特点，业主一般将一整段工程分成若干个标段进行招标，每个标段平均金额在4 000万元左右，因此施工企业为了确保中标，一般要在2个以上的标段进行投标，每一个标段均需提供1份投标保函，金额一般由业主规定，每份保函金额约在100万元左右；外地工程除具备北京工程的特点外，每个标段金额一般较大，在1亿元左右，但是外地业主一般将每个标段分成路基和路面两个标，施工企业为了确保中标，每个标段均需

提供2份保函，因此一次投标需要4份保函，平均每份保函金额约在400万元左右。近年来，施工企业在投标保函的业务量上的需求很大，每年保函量的40%都用在了投标保函业务上。投标保函相对其余两种工程保函，具备金额小、流转速度快的特点，但一般每份保函占用额度时间也要1个月。

（2）履约、预付款保函。这两类保函一般是在工程中标后，业主为防范施工企业不按照投标保函内容履行义务而要求施工企业提供的承诺，这两类保函期限较长。在金额上，履约保函一般占工程总造价的10%，到完工时才退回；预付款保函一般占工程总造价10%，但最高可以达到30%，一般在工程进行到50%或完工时才退回。现在一个工程施工时间北京往往为6个月至1年，外地工程一般在1~2年，因此这两类保函占用额度多，且流转速度较慢，但由于是中标后才办理，确定性强，因此一般占用保函量的六成左右。

2. 申请原因

首先，随着公路市场管理的逐步完善，越来越多建设单位在招标时和中标后所要求的财务手续也逐步规范，相应地增加了施工企业保函业务的需求量。工程量的增加，必然带动施工企业保函等业务量的增加。作为北京市公路建设的主力军——路桥公司，由于公司本部具备了路桥施工方面的特级资质和资信，因此参与投中标的项目不仅多，而且单笔工程的金额大，截至2010年6月末，在施工程达到49.9亿元，其中2010年中标工程就达到28.33亿元，2010年还中标12亿元工程。由于中标工程和在施工程的增加，导致公司投标、履约和预付款保函使用量和额度占用量增长迅速，公司在各家合作银行的保函额度均已大量使用，在银行的2.5亿元保函额度就已经占用了0.83亿元。公司现在在各家合作银行共计开立保函4亿元。根据路桥公司当年的预计中标情况来看，公司还要中标12亿元，因此公司不仅需要开立大量投标保函并且还需要开立金额较大的履约和预付款保函，为整年度工程夯实基础。因此，路桥公司此次继续向银行申请2.5亿元的保函额度用以保证其现有保函额度的周转使用，以满足公司业务发展的需要。

3. 还款来源

（1）保函额度发生违约索赔的可能性。由于公司授信申请的主要业务品种是非融资类保函额度，包含投标、履约和预付款保函。因此，额度在使用时，不会发生实际的款项支出，只有在履约过程中发生违约情况时才可能涉及资金的赔付。因此，针对此类业务，首先分析一下公司保函发生赔付的可

能性：第一，从保函用途来看，银行可以准确把握用途，不会发生与实际用途不符的情况。第二，对于额度的占用时间，按照公司往年的惯例，公司开立保函时一般先行约定保函期限，不开立敞口保函，因此保函占用时间较为固定，风险期限固定（对于投标保函一般在投标结果公布后即退回，时间不超过3个月，占用时间较短；对于履约和预付款保函，一般在工程完工后即退回，最长期限不超过2年，北京工程一般都在1年内）。第三，从路桥系统企业在银行授信历史来看，公司未发生过一笔保函索赔的案件，尤其是近几年，公司所从事的北京工程比例增加，北京工程相比外埠工程来说，公司具有较为明显的地缘性，北京市公路市场的三大业主均与路桥公司有着较深的渊源和长时间的业务联系。因此，路桥公司在北京市场所修建的工程，几乎不会与业主发生履约方面的纠纷，即使发生纠纷，也不会使纠纷蔓延到以银行的保函索赔的地步。对于外地标的，公司一般较为谨慎，只投标于交通部的一些主要工程，时间一般不超过2年。第四，从保函金额来看，单张保函的金额至今没有超过4 000万元以上的，而且即使发生赔付也不可能所有保函同时发生赔付，因此发生风险的赔偿金额应该远远小于银行给予的保函授信额度金额。综上，公司所开立的保函发生违约的可能性较小，涉及银行保函赔付的可能性小。

（2）一旦赔付，公司主要的还款来源

①工程业主正常拨付的工程款。

②综合公司几年的财务报表情况，公司日常货币资金存量在3.8亿元（最低时也能维持在1亿元以上）。

③扩大的净利润。实现净利润5 104万元，公司计划到年底实现5 400万元左右的净利润，按照公司现有的工程量和产值计算，公司完全有能力实现这一指标。

④其他合作银行的融资空间。A银行6亿元授信，包含1.2亿元的贷款和4.8亿元保函。B银行给予路桥公司的授信额度为18亿元，其中保函额度13.5亿元，流动资金贷款2.1亿元，银行承兑汇票1亿元；C银行给予路桥公司的授信额度为4亿元，其中保函额度3亿元，流动资金贷款1亿元；此外D银行和E银行也与路桥公司展开了合作，分别给予路桥公司3亿元综合授信（2亿元保函，1亿元流动资金贷款）和2亿元的保函额度。

综合上述的可计算的还款来源共计9.6亿元，均为公司可以及时变现的

资金来源，上述还款来源能够为银行1亿元贷款，以及2.5亿元保函额度提供有力的还款保障。

公司解决需求的主要手段有两个：一是通过银行信贷融资，二是通过年度收益的补给。2008年公司业绩增幅较为显著，全年生成净利润4 634万元，4 634万元的净利润不分配将继续投入公司的运营，用以部分弥补公司的营运资金缺口，弥补后，还有14 000多万元的缺口将准备通过银行信贷融资予以解决。由此，公司向银行提出了10 000万元的短期贷款的授信需求。

（3）资金用途。一是弥补公司的营运资金缺口，以满足扩大的施工工程量所需；二是为防止部分主料，主要是钢筋、沥青、商砼的价格浮动，锁定材料成本，储备部分工程主料。

综合上述，银行提供的综合授信方案如表8－3所示。

表8－3　授信方案

额度类型		公开授信额度		授信方式		综合授信额度	
授信额度（万元）		35 000.00		期限（月）		12	
授信品种	币种	金额（万元）	保证金比例（%）	期限（月）	利/费率（%）	是否循环	串用说明
①流动资金贷款	人民币	10 000.00	0.00	12	按银行规定执行	是	按银行规定串用
②履约保函	人民币	25 000.00	0.00	12	按银行规定执行	是	按银行规定串用
贷款性质	新增	本次授信敞口（万元）		35 000.00	授信总敞口（万元）		35 000.00
担保方式及内容	信用						

【点评】

施工行业保函使用量十分频繁，营销该类客户的首选产品应当是各类银行保函，营销保函一定要盯住企业的招投标履约活动，投标、履约、质量保函接续营销。银行可以盯住施工企业一些具体的项目，例如某个确定的道路或桥梁项目。

第九篇　地铁公司授信方案篇

银行可以针对地铁公司提供组合授信方案，纯粹的项目贷款占主要部分，为了提供授信方案的收益率，银行考虑嵌入商业承兑汇票 + 封闭贷款这款组合型品种，迫使上游的施工企业必须在银行办理贴现，从而关联营销上游企业。

BT 项目融资，政府作为兜底的风险控制，银行的融资主体从直接向城投企业融资转向为对政府项目的施工企业融资。为了控制风险，采取分段确认施工质量的方式。政府融资平台贷款受到控制，银行可以为企业提供融资顾问服务，可以采取 BT 形式为政府间接融通资金。

地铁公司产业链全景见图 9 - 1。

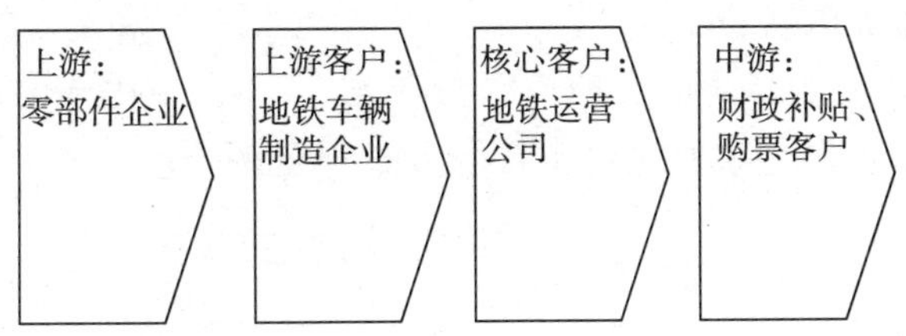

图 9 - 1　产业链全景图

一、国内知名的地铁车辆生产企业

中国北车长春轨道客车股份有限公司、中国北车唐山轨道客车有限责任公司、南车青岛四方机车车辆股份有限公司。

铁道部两大铁路机车集团控制着中国铁路机车市场，虽然有巨额的应收账款，但是考虑这些公司依托铁路经营，风险可控。

二、地铁运营公司

北京地铁运营公司、杭州地铁运营分公司、沈阳地铁运营公司、成都地铁运营公司、南京地铁运营分公司、天津地铁运营公司、上海地铁运营公司、北京地铁运营二公司、南京地铁运营公司。

三、财政对地铁的补贴

各地地方政府对本地地铁、公路等提供大额的财政补贴。这些补贴成为地铁公司重要的资金来源。

【案例1】 武汉地铁集团有限公司融资租赁方案

一、企业基本概况

武汉地铁集团有限公司注册资金10亿元，是在原武汉轨道交通有限公司的基础上，武汉市委、市政府批准成立的大型国有独资企业。

现已建设好轻轨1号线（东吴大道至堤角），2号线、4号线已开工建设。地铁集团的主体公司是武汉市地铁运营有限公司。

公司计划近期建设完成1号线二期工程、2号线一期工程和4号线一期工程，总投资约273亿元，形成总长约70公里轨道交通线网。该线网规划已获得国家发展和改革委员会的审批立项，3条线路正在建设过程中。远期将建设轨道交通2号线二期、3号线、4号线二期、5号线、6号线、7号线工程。220公里轨道交通线网建成后将全面连接上海三镇，以轨道交通为主体、其他交通方式为补充的城市公共交通体系将确立。

二、银行授信方案

武汉市近期建设的轨道交通1号线二期、2号线一期和4号线一期3个项目，财政缺口达41亿元。为解决地铁项目资本金不足，银行准备以协作租赁公司的方式切入该客户，采取融资租赁的方式（见图9－2）。

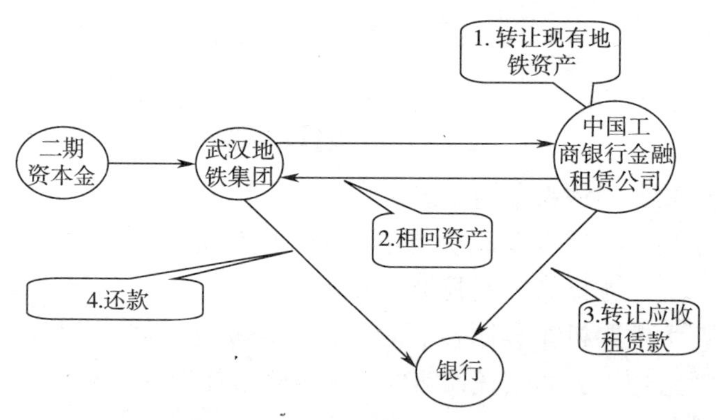

图9－2 地铁公司融资租赁方式

武汉地铁集团与中国工商银行金融租赁公司签订融资协议，将轻轨部分设备和车辆资产出让，融资20亿元，这是湖北首笔大额金融租赁业务，也是我国轨道交通建设中，首次使用金融租赁的方式融资。在租赁期内，租赁公司享有租赁物的名义所有权；而武汉地铁集团则享有资产的占有权、使用权和控制权。武汉市将轨道交通1号线部分设备和车辆资产出让给工商银行，3

年内根据工程建设需要提款20亿元，然后再向工商银行租赁以上资产，付清全部租金并支付资产残余价值后，重新取得所有权。

【点评】

本案例极为精彩，为银行向地铁公司提供授信的经典案例，银行直接向地铁公司提供融资，用途受到控制，不能作为地铁公司新项目的资本金。且监管部门限制对政府融资平台企业的贷款，银行选择转向融资，借道租赁公司。借助租赁公司优势非常明显，一可以防止企业违约，银行租赁公司控制着地铁项目的所有权，政府不会轻易违约；二是地铁公司将地铁项目出售给租赁公司，可以将资金用于二期项目资本金。而银行贷款受到贷款新规的严厉约束。

【案例2】　天津地铁10号线投资有限责任公司项目融资方案

一、企业基本情况

天津地铁10号线投资有限责任公司注册资金61.3871亿元，由6家股东出资设立。第一大股东天津地铁集团有限责任公司前身为天津地下铁道总公司，该公司是一个现代化技术密集型大型企业，现有两条地下铁道线路，全长40多公里以及新近开通的地铁八通线和城铁13号线。该公司业务范围涵盖天津市轨道交通投资建设及运营管理，在天津国民经济建设领域中地位日益提高。

二、银行授信方案

1. 贷款用途。银行提供的贷款将用于天津地铁10号线一期（含奥运支线）工程的投资和建设。

2. 贷款额度和贷款期限。贷款额度为80亿元人民币（此项目允许银行组成银团投标），贷款期限为自合同生效之日起25个周年，宽限期至少10年。银行不对贷款收取承诺费和手续费。

3. 贷款利率。10号线项目的贷款期限为25年，利率计算分为两个阶段执行。

第一阶段：自每笔贷款提款之日起计算 10 年。本阶段分为两期，第一期自每笔贷款提款之日起计算 5 年，第二期自每笔贷款提款之日的第 6 年至第 10 年止。

第二阶段：自每笔贷款 10 年届满之日起至贷款期结束。

基准利率下线指中国人民银行公布的 5 年以上长期贷款的年基准利率按中国人民银行所规定的利率浮动区间的下限计算的利率。

约定利率是指银行向借款人承诺的在第一阶段的最高利率，由银行所在的银团在投标文件中报出。约定利率分为两个，分别适用于第一阶段的第一期和第二期。银行所处银团需分别报出两个约定利率。

第一阶段的利率按如下原则确定：当基准利率下限高于或等于约定利率时，则按约定利率计算利息；当基准利率下限低于约定利率时，则按基准利率下限计算利息。

第二阶段的利率为基准利率下限。

如果在贷款期限内，中国人民银行不再设定基准利率或不再设定基准利率下浮的下限，双方经过协商，确定贷款利率。如当期存在约定利率，则协商确定的当期贷款利率不高于约定利率。

4. 计息：贷款合同项下的借款利息从借款人实际提款日起算，按日计息。每一利息期的利息按该利息期的利息支付日前的第 12 个工作日的贷款利息计算。从 10 号线公司第一次提款日起，以每一单笔贷款实际用款金额和每年 365 天为基础，按实际发生天数计算，于每一利息支付日收取。10 号线公司应于每个利息支付日支付每一笔未偿还的借款应付利息。

5. 一般存款账户：天津地铁 10 号线有限责任公司将在银团代理行开立一般存款账户。其中，如果其他金融机构存款利率及提供的服务优于银团代理行的存款利率及提供的服务，10 号线公司有权将用于质押的票款收入存入其他金融机构，由其他金融机构与银行所在银团签订账户管理协议。

6. 提款安排：提款期为 4 年。10 号线公司在提款前 5 个工作日通知贷款行，10 号线公司可在提前 30 天通知或取消全部或部分未提款项，贷款行不对此收取罚金。

7. 还款资金来源及还款：

宽限期至少为 10 年，10 号线公司在贷款期限内的第 11 年至第 15 年偿还约 20 亿元人民币的贷款本金；在贷款期限内的第 16 年至第 20 年偿还约

20 亿元人民币的贷款本金；其余贷款本金将在第 21 年至第 25 年内偿还。贷款本金每 6 个月偿还一次。按照 5 年以上贷款基准利率下浮 10% 测算，整个 25 年贷款期内产生贷款利息约 80 余亿元，本金 80 亿元，共计本息 160 余亿元。

还款资金来源于天津地铁 10 号线一期（含奥运支线）的票款收入的 84.2% 以及其他收入等。

在每笔贷款提款后 10 年内，10 号线公司如果通过向其他银行再融资提前偿还该笔贷款，10 号线公司向银行支付提前还款罚金，罚金金额不超过提前还款额在 10 年剩余年限以当期贷款利率计算应收利息的 20%（但不高于半年利息）。如果 10 号线公司以银行再融资以外的方式筹集资金（包括但不限于发债、股东增资等）提前还款，10 号线不需支付提前还款罚金。每笔贷款提款 10 年后，10 号线公司提前偿还该笔贷款，不需支付提前还款罚金。

在贷款期限内，尽管有上述规定，如中国人民银行不再要求执行基准利率或不再设置贷款利率下浮的下限，则贷款人不得就提前还款收取任何罚金。

主动提前偿还的本金平均冲减贷款期限最后 10 年的还款额。

10 号线公司应提前 30 天对任何提前还款向银行发出不可撤销的通知。

8. 资产抵押及票款收入质押。在建设期结束后，10 号线公司将天津地铁 10 号线一期的部分资产抵押给银行，届时签订资产抵押协议。

10 号线公司将天津地铁 10 号线一期（含奥运支线）工程项目的票款收入的 84.2% 质押给银行，届时签订质押合同。

办理资产抵押及票款收入质押所产生的费用由银行承担。

9. 建设期保险安排：建设期已购买建筑安装工程一切保险。

10. 银行能够根据本项目建设的需要为 10 号线公司提供财务或金融方面的咨询服务，并作出相应的承诺，同时给予 10 号线公司提出具体的服务方案。

11. 银行为 10 号线项目的信贷业务配备业务素质高、服务意识强的业务人员。

综上，银行为该公司提供的融资授信方案见表 9－1。

表 9－1　授信方案

<table>
<tr><td>额度类型</td><td colspan="2">内部授信额度</td><td>授信方式</td><td colspan="3">单笔单批额度</td></tr>
<tr><td>授信额度
（万元）</td><td colspan="2">200 000.00</td><td>授信期限
（月）</td><td colspan="3">300</td></tr>
<tr><td>授信品种</td><td>币种</td><td>金额
（万元）</td><td>保证金比例（%）</td><td>期限
（月）</td><td>利/费率
（%）</td><td>是否循环</td></tr>
<tr><td>项目融资贷款</td><td>人民币</td><td>150 000.00</td><td>0.00</td><td>300</td><td>约定及基准利率下浮</td><td></td></tr>
<tr><td>商业承兑汇票＋封闭贷款</td><td>人民币</td><td>50 000.00</td><td>0.00</td><td>300</td><td>约定及基准利率下浮</td><td></td></tr>
<tr><td>贷款性质</td><td>新增</td><td colspan="2">本次授信敞口（万元）</td><td>200 000.00</td><td>授信总敞口
（万元）</td><td>200 000.00</td></tr>
<tr><td>担保方式及内容</td><td colspan="6">信用</td></tr>
</table>

【点评】

银行可以针对地铁公司提供组合授信方案，纯粹的项目贷款占主要部分，为了提高授信方案的收益率，银行考虑嵌入商业承兑汇票＋封闭贷款这款组合型产品，迫使上游的施工企业必须在银行办理贴现，从而关联营销上游企业。

【案例 3】　北南地铁机场线 BT 方式融资方案

一、企业基本情况

北南地铁机场线是由北南市政府负责投资、建设、运营。市政府启动地铁工程建设，并确立了“建立市、区两级政府共同投资体制，并积极利用国外优惠贷款”的筹资方案，由北南地铁集团为投资主体筹资负责区间隧道和车辆段的建设，沿线通过的四个行政区政府筹资负责前期动迁和车站建设。

地铁机场线连接铁路南站，为青奥会建设项目，北南市政府最终选定 BT（建设—移交）方式寻找合作方，投资方融资参与建设，建成后政府支付企业

合理的利润后，回购自主运营。北南地铁机场线由中国铁路建设集团参与建设，建成后政府回购。

二、银行授信方案

银行考虑北南地铁集团背后依托北南市财政，北南市财政有着极强的实力，但是，北南地铁属于依托财政作为最终还款来源，有融资平台的问题，银行考虑直接提供融资政策风险极大，转向改为提供间接授信（见表9－2）。

表9－2　北南地铁集团授信方案

<table>
<tr><td colspan="2">集团客户授信限额（万元）</td><td colspan="2">50 000</td></tr>
<tr><td>额度类型</td><td>公开授信额度</td><td>授信方式</td><td>综合授信额度</td></tr>
<tr><td>授信额度（万元）</td><td>50 000</td><td>授信期限（月）</td><td>12</td></tr>
<tr><td>固定资产贷款</td><td></td><td>本次授信敞口（万元）</td><td>50 000</td></tr>
<tr><td colspan="4">1. 由北南地铁集团回购地铁项目。北南地铁集团应当与银行及中国铁路建设集团签订回购三方协议。
2. 项目每进展超过10%，必须由北南地铁集团委托的验收单位分段确认。
3. 首先启用施工企业的自有资金，自有资金使用完毕后，启用银行的信贷资金。
4. 北南市人大出具议案，同意安排预算资金用于回购本项目。</td></tr>
</table>

银行向北南地铁集团提供财务顾问服务，地铁集团采取BT方式建设，银行承诺向中标企业提供融资服务。

对中国铁路建设集团核定5亿元项目贷款额度，期限2年。约定项目到期，由地铁集团回购地铁项目。

中国铁路建设集团提供与地铁集团签订的项目承包合同，约定项目总投资为10亿元，其中中国铁路建设集团自筹50%，银行提供融资50%。

【点评】

本案例为经典的BT项目融资，政府作为兜底的风险控制，银行的融资主体从直接向城投企业融资转向为对政府项目的施工企业融资。为了控制风险，采取分段确认施工质量的方式。最近政府融资平台贷款受到控制，银行可以为企业提供融资顾问服务，可以采取BT形式为政府间接融通资金。

第十篇　机场授信方案篇

机场产业链全景如图 10 -1 所示。

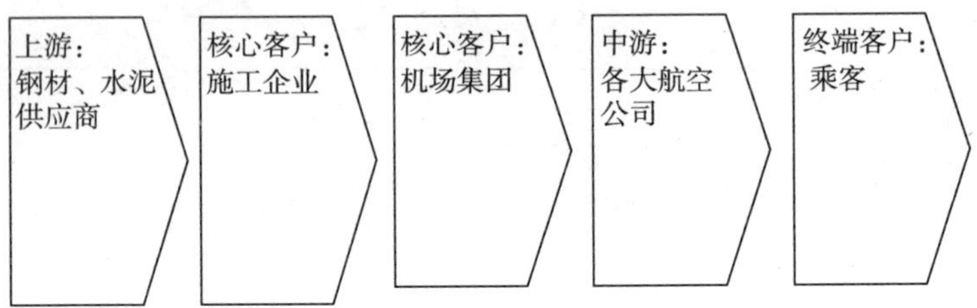

图 10 -1　产业链全景图

机场集团与各大航空公司之间关系密切，一些特大型的机场集团普遍效益极好，非常值得银行深度拓展。中国各地的机场都在进行改扩建，需要大额的投资。

各大航空公司需要向机场集团支付飞机起降费，停机费等。

【案例 1】　南昌市机场股份有限公司——机场票据通融资方案

一、企业基本情况

南昌市机场股份有限公司注册资金 56 亿元，年营业额超过 120 亿元。南昌市机场股份有限公司为我国民航领域特大型企业，资产规模、经营实力在同行业中名列前茅。作为垄断性行业，公司主营业务收入稳定。随着我国加入世界贸易组织，对外交往范围不断扩大，凭借在经济、旅游等方面优势，南昌市机场股份有限公司始终保持着在国内机场行业内各项业绩领先的地位，年旅客吞吐量逐年递增。

南昌市机场股份有限公司总资产为 422 亿元，年财务费用 1.96 亿元。近年来，进行持续的收购兼并，连续收购天津 × ×机场、沈阳 × ×机场等国内多家机场。为扩建机场设施，公司正在筹建南昌市机场三期工程建设工程指挥部。公司融资金额巨大，财务费用压力非常大。

二、银行授信方案

1. 授信方案

南昌市机场股份有限公司面临的问题是如何降低财务费用。

南昌市机场股份有限公司成立南昌市机场股份有限公司三期工程建设工程指挥部。南昌市机场股份有限公司三期工程建设工程指挥部负责与供应商签订交易合同。南昌市机场集团股份有限公司采取集中招标方式确定合格供应商名单，合格供应商包括大林建设集团、信嘉钢材供应公司等。

南昌市机场股份有限公司三期工程建设指挥部申请银行承兑汇票到期后，由其担保单位南昌市机场股份有限公司负责将承兑资金存入南昌市机场股份有限公司三期工程建设指挥部银行账户。南昌市机场股份有限公司资产规模、经营实力在我国同行业中名列前茅，作为垄断性行业，其主营业务收入稳定。通过分析企业以往的财务数据，认为南昌市机场股份有限公司有足够能力解付银行承兑汇票，因此提供了授信方案如表 10－1 所示。

表 10－1 授信方案

额度类型	公开授信额度		授信方式	综合授信额度		
授信额度（万元）	150 000		授信期限（月）	12		
授信品种	币种	金额（万元）	保证金比例（%）	期限（月）	利/费率（%）	是否循环
银行承兑汇票	人民币	150 000	0.00	12	0.05	是
性质	新增	本次授信敞口（万元）		150 000	授信总敞口（万元）	150 000
担保方式及内容	保证人：南昌市机场股份有限公司授权南昌市机场股份有限公司机场三期工程建设指挥部使用其授信额度，与银行签订综合授信协议，并在综合授信协议下签订银行承兑协议、代理贴现协议，签发买方付息承诺函。					

2. 业务流程

（1）银行为南昌市机场股份有限公司提供 15 亿元综合授信额度，期限 3 年。南昌市机场股份有限公司不可撤销地授权其下属机构南昌市机场三期工程建设指挥部使用 5 亿元额度，期限 1 年，由南昌市机场股份有限公司机场三期工程建设指挥部与银行办理使用授信额度的具体信贷手续。

（2）南昌市机场股份有限公司机场三期工程建设指挥部购置土地，金额 8 亿元人民币，与南昌市土地储备中心签订土地购买合同。

（3）南昌市机场股份有限公司机场三期工程建设指挥部提交土地购买合同，银行办理8亿元银行承兑汇票，南昌市机场股份有限公司机场三期工程建设指挥部承诺由其承担银行承兑汇票的贴现利息。

（4）南昌市机场股份有限公司机场三期工程建设指挥部代理南昌市土地储备中心持票向银行申请办理贴现，南昌市机场股份有限公司机场三期工程建设指挥部通知南昌市机场股份有限公司支付贴现利息。

（5）在票据到期前，南昌市机场股份有限公司将银行承兑汇票款项划入银行账户，用于解付到期银行承兑汇票。

3. 使用产品

（1）银行承兑汇票。使用银行承兑汇票保证交易的采购，降低买方的支付成本。银行承兑汇票是较好的采购融资支付工具。

（2）代理贴现。买方出具银行承兑汇票，并同步代理卖方完成票据贴现，尽可能为卖方代理带来一定的便利。

（3）第三方付息票据。买方出具银行承兑汇票，由买方的上级单位承担贴现利息，这种操作适合集团客户的资金管理模式。

【点评】

对于机场集团、大型交通厅等客户提供银行承兑汇票的关键考虑因素是，这类操作的集团必须有非常强大的“现金池”，解付票据通过现金池中的资金，而不是单纯依赖销售的回款。企业融资池中加入票据组合，是为了降低整体负债成本。

可以借鉴营销的企业，包括各省的土地储备中心，公路经营企业——交通厅、局、高速公路公司，各大型电厂的基础设施项目，各大石化、铁路等集团公司，各大电信集团公司等。

【案例2】 中南民航机场集团有限公司项目贷款方案

一、企业基本概况

中南民航机场集团有限公司注册资金8.44亿元，为机场工程项目法人，

其中中南省国资委持有55%股权，中南省高速公路总公司持有45%的股权。公司经营范围：机场经营管理、航空业务保障、航空信息咨询及航空运输业务延伸服务、停车服务、物业管理、仓储、保洁服务、园林绿化、日用百货、日用杂品、针纺织品、服装、五金交电、装饰材料、旅游工艺品、干鲜果品、酒销售。

省民航集团现辖石家庄机场、黄山机场2个分公司，纳入报表范围的子公司7家，其中全资子公司4家，分别为中南民航机场集团航空客货销售有限责任公司、中南省民航局劳动服务公司、中南省民航蓝天事业总公司、黄山航空客货销售有限责任公司，另持股中南民航机场经济建设发展有限公司95.31%、持股中南民航天宇物业管理有限责任公司80%、持股黄山航空食品有限公司60%。

该政策规定符合贴息条件的贷款必须是由项目建设单位（项目法人）直接从商业银行借入的贷款。贴息期限从建设开始到资产投入使用后3年。特殊情况经总局批准后可适当延长。贴息审批实行分级管理，项目建设单位（项目法人）按其注册地向管理局提出贴息申请。管理局初审后，由总局最终核定。贷款贴息政策更注重放大财政资金效应，调动地方政府和社会各方参与民航建设的积极性。

二、银行授信方案

拟订银团贷款方案：某银行作为该银团的牵头行和代理行组织石家庄新桥机场项目银团贷款，银团贷款金额为23亿元（见表10－2）。银团成员行的贷款份额为，A银行中南省分行6.44亿元、B银行中南省分行5.52亿元、C银行中南省分行2.76亿元、D银行中南省分行1.84亿元、E银行1.84亿元、F银行2.3亿元、G银行2.3亿元。

贷款期限10年，宽限期5年，借款人可根据工程进度提款并允许提前还款或适当延期，以中南民航机场集团有限公司骆岗机场土地使用权抵押担保，贷款利率在同期人民银行基准利率基础上下浮10%，银团贷款费用予以减免。

根据市规划主管部门编制的《机场地块整体开发控制性详细规划（草案）》，机场地块位规划面积2.71平方公里，该地区未来主要作为商业、居住和公用配套用地，机场土地在机场搬迁后，根据规划拟采用有偿出让方式处置的建设用地2 059.35亩，根据测算土地价值为39.44亿元，以机场土地提供银团贷款抵押担保，抵押率为58.3%，具备抵押担保能力。

表 10－2　授信方案

<table>
<tr><td>额度类型</td><td colspan="2">内部授信额度</td><td>授信方式</td><td colspan="3">单笔单批额度</td></tr>
<tr><td>授信额度（万元）</td><td colspan="2">230 000</td><td>授信期限（月）</td><td colspan="3">120</td></tr>
<tr><td>授信品种</td><td>币种</td><td>金额（万元）</td><td>保证金比例（%）</td><td>期限（月）</td><td>利/费率（%）</td><td>是否循环</td></tr>
<tr><td>基本建设项目的固定资产贷款</td><td>人民币</td><td>230 000</td><td>0.00</td><td>120</td><td>按规定</td><td></td></tr>
<tr><td>贷款性质</td><td>新增</td><td colspan="2">本次授信敞口（万元）</td><td>230 000</td><td>授信总敞口（万元）</td><td>230 000</td></tr>
<tr><td>担保方式及内容</td><td colspan="6">抵押物名称：骆岗机场国有土地使用权</td></tr>
<tr><td colspan="7">授信前需落实银团贷款协议、抵押土地评估、登记手续，明确成员行授信使用方式、还款计划安排等事宜
授信为固定资产基本建设贷款，不可串用</td></tr>
</table>

【点评】

本案例为经典的银团贷款，根据项目的融资安排，银行提供银团贷款，解决大项目的整体资金需要。银行应当积极争取银团贷款的牵头行的角色，因牵头行属于利益最大的一方。对于特大型的飞机场项目、地铁项目、电厂等项目，银行可以考虑提供银团贷款。

第十一篇　铁路行业授信方案篇

铁道部系统的18个铁路局实力非常强，很难营销。营销这些铁路局必须注意两项内容。

第一，解决贷款机会的问题。18个铁路局个个实力非凡，授信获得通过通常不在话下，关键是铁路局是否愿意向银行贷款的问题。营销铁路局的思路必须是自上而下，首先突破铁道部财务司，铁道部财务司同意下属铁路局向银行借款。

第二，解决贷款收益的问题。给铁路局贷款融资通常收益较低，利率一般都是基准下浮10%，要求留存一定的存款很困难。因此，提供授信最好包括一定的银行承兑汇票，同时，捆绑销售买方付息代理贴现。铁路系统采购铁路专用高端钢、铁路专用机车的时候，由于对方相对处于强势，因此需要铁路局承担贴息。

在各地的铁路局，有着大量的铁路多元化经营集团。这些多元化经营集团“靠山吃山”，大多充分借助铁路的运输优势，从事煤炭、油品和钢材交易。银行可以与这些铁路多元化经营集团建立合作关系，提供动产融资等产品。

各地的地方铁路集团属于银行的黄金客户群体，地方铁路集团投资主体为本地省级政府，从事地方直线铁路的建设，这些地方铁路集团属于当地政府重点支持的目标单位，银行可以选择与地方铁路投资集团建立信贷业务关系。提供授信可以考虑加入商业承兑汇票和国内信用证等产品组合。

铁路行业产业链如图11－1所示。

一、上游客户

上游客户包括钢材供应商、油料供应商、煤炭供应商等。其中知名客户：包钢、马钢、鞍钢、攀钢、宝钢等。

铁路系统的知名供钢企业包括包钢、马钢、鞍钢、攀钢、宝钢等。

铁路建设的用钢量很大，除铁路线上用钢及轨枕用钢外，还包括基建用钢、桥梁用钢，以及其他铁路建设所用的钢材、钢轨及配件，如车轮钢、螺纹钢、线材等建筑钢材，H型钢、工字钢及各种尺寸的桥梁板，高强螺栓、预应力钢丝等。

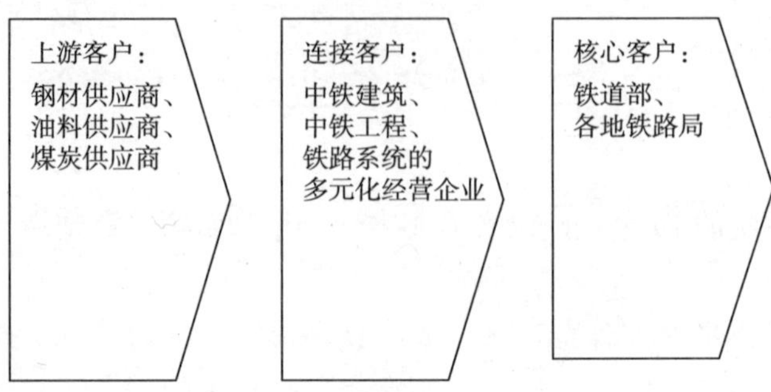

图 11－1　铁路行业产业链图

寻找客户信息渠道包括中国铁路物资总公司：http：//www. crmsc. com. cn/和中国铁路物资采购信息网：http：//www. crmpin. com/。

铁路物资供应通常由以下系统组成：中国铁路物资总公司系统、铁路局物资系统、中国铁路工程总公司物资系统、中国铁道建筑总公司物资系统、中国铁路通信信号集团物资系统、中国南车集团物资系统、中国北车集团物资系统。

银行客户经理要高度重视铁路系统的物资采购，可以通过这些铁路系统内专业的采购公司作为营销客户，营销产品多是银行承兑汇票。

二、连接客户

连接客户为两大施工企业及铁路系统的多元化经营企业，其中知名客户有中国铁路工程总公司、中国铁道建设集团公司。

铁路系统的多元化经营企业被各地铁路局控股，选择其中经营石油、钢铁、铁矿石等大宗交易的专业贸易公司，可以提供一定的供应链融资产品。

寻找客户信息渠道为中华铁道网：http：//www. chnrailway. com。

三、核心企业

核心客户包括铁道部、铁路局、独立的铁路公司。其中知名客户有铁道部下属的 18 个铁路局及地方铁路公司。

寻找客户信息渠道为铁道部：http：//www. china－mor. gov. cn/。

铁道部一般以铁道部财务司作为向银行融资的借款主体，各地铁路局向银行借款必须获得铁道部财务司同意。而独立的铁路公司自主权相对大一些，银行可以有重点地营销。

四、铁路融资管理规定

商业银行营销铁路系统必须熟悉《铁路运输企业借款及担保管理暂行办

法》（铁道部财务司制定的规范铁路系统融资管理的基本办法），懂得铁路系统的融资管理规定。

《铁路运输企业借款及担保管理暂行办法》对各铁路局（含青藏铁路公司）和专业运输公司在银行的贷款、担保、商业票据及信用证等管理上都提出明确要求，主要包括以下方面。

1. 铁路局需要流动资金借款时，一般应通过其资金结算所内部调剂资金，因特殊原因需要向银行借款的，需列明借款原因、借款机构、金额、期限、利率、预计借入时间和利息支出等，报铁道部审批；铁路局办理固定资产购置和其他长期借款必须经铁道部批准；铁路运输企业未经铁道部批准，不得办理银行委托贷款和发行短期融资券；借款主体必须是铁路局或公司，企业内部单位（包括铁路局非独立法人多经管理机构、铁道结算所）不得向银行借款。

2. 对于项目建设单位的借款，由铁道部提供担保；对于合资铁路公司借款，由各出资方按股比提供担保。铁路局不得为其他企业（包括投资控股多的企业）向银行借款提供担保。

3. 部属运输企业采用信用证结算、额度在1 000万元及以上的，需报铁道部审批。部属运输企业所属经企业采用信用证结算的，超过一定额度应报部属运输企业审批，需报审批的额度由部属运输企业在不超过1 000万元额度内自行确定。

地方铁路和合资铁路授信风险高。银行铁路贷款出现的不良，主要发生在地方铁路项目上。地方铁路及合资铁路亏损面较大。地方铁路和合资铁路不成功的原因在于与国家铁路缺乏有效的网络沟通，仅仅在某个区段运营，缺乏网络支持和规模运输效应。

五、铁路系统的多元化经营公司

铁路多元化企业依托铁路局经营，多从事铁路物资、钢铁、石油、煤炭等的经销。各地的铁路多元化企业有着浓厚的地方优势经济色彩。如内蒙古、山西铁路多元化经营集团多从事煤炭经销，黑龙江铁路多元化经营集团多从事粮食购销，新疆铁路多元化集团多从事油品购销，广州铁路多元化集团多从事房地产开发等。

借路铁路多元化集团是银行突破高度垄断铁路局的重要渠道，通过提供贷款、银行承兑汇票等，帮助铁路多元化集团扩大经营，通过人脉相通的优

势，间接渗透进入铁路局。

各地铁路局下属的三产在铁路系统内被称为多元经营企业，多为从事与铁路相关的业务，可谓“靠山吃山”。一般是各地铁路局成立多元经营（集团）公司，再由多元经营（集团）公司控股具体经营企业。多元经营（集团）公司类似投资管理公司，下属的经营企业为具体的法人经营单位。典型的如物资公司（多从事铁路系统需要的钢材、铁轨、铜材、煤炭及必须依靠铁路运输的铁矿石、油料、煤炭等经营），旅游广告公司（从事各类旅行社、铁路系统广告公司经营），房建集团公司（从事铁路系统沿线房地产项目的开发）等。

直接营销铁路局难度较大，营销铁路局应当注意从铁路局的三产入手。

多元经营企业的管理规定详见铁道部文件《关于铁路运输企业与多元经营企业明晰产权、规范核算的若干规定》。

这类客户现金流量非常庞大，在各个城市都有，非常适合银行拓展。

六、铁路运输行业的特点

1. 铁路运输行业是一个政企合一的行业

我国交通运输行业中只有铁路运输业仍实行政企合一的管理体制。《中华人民共和国铁路法》按照铁路主管部门不同，将全国从事公共运输的铁路分为国家铁路和地方铁路，从法律层面上确立了我国铁路政企合一的管理体制。铁道部是国务院铁路运输行业的主管部门，主管全国铁路工作，既是市场规则、行业政策的制定者和监督者，又是国家铁路建设的直接出资人和经营者，行使国家铁路生产调度、客货运输计划制订等企业职能。

2. 铁路运输行业属于高度资本密集型行业

铁路行业属于资本密集型行业，项目资金需求较大，投资期较长。为保证铁路系统整体效率，提高铁路运行安全性，需要投入大量资金。铁路行业投资最明显的特征是固定成本在总成本中占有很大比重，如轨道线路、通信信号、机车、站场投入等，一般铁路线路的固定成本占总成本的50%～80%。铁路修建的时间比较长，通常要3年以上。

3. 铁路运输行业垄断程度高，国家铁路在全国铁路中占有绝对统治地位

铁路运输行业具有自然垄断型产业特征，行业规模大、资本密集程度高、国有成分比重大。虽然近年合资铁路和地方铁路发展较为迅速，但国家铁路在中国铁路中占有绝对统治地位。例如，2007年，国家铁路旅客发送量占全

部旅客发送量的94.85%，周转量占全部周转量的95.55%，而合资铁路和地方铁路的比重很小。

七、行业主体

1. 铁道部、铁路局等行业主管部门

铁道部是铁路行业的主管部门，主管全国铁路工作。铁道部受政府委托进行铁路、桥梁建设，其对下属铁路局、企业的资金采取统收统支的管理模式，任何与铁路有关的投资建设、开通运营、管理收费、企业设立撤并均需经其批准。铁道部在国内铁路运输行业中处于绝对垄断地位。

铁路局管辖辖内铁路的运营。2005 年 3 月以后，铁道部撤销了铁路局分局，共设立 18 个铁路局（公司），对铁路局管辖范围内的运输工作统一指挥。铁路分局的撤销解决了我国铁路长期以来存在的铁路局和铁路分局两级法人以同一方式经营同一资产的体制性弊端，但是铁道部政企合一的状况并没有改变。

2. 国家铁路、地方铁路、合资铁路企业

根据投资主体不同，我国的铁路可以分为国家铁路、地方铁路和合资铁路。

国家铁路是由铁道部管理的铁路，是我国铁路运输的最主要部分，在国民经济中占有重要地位。国家铁路运价由铁道部统一制定，收支受铁道部统一控制，各项融资由铁道部统一授权。国家对国家铁路建设极为重视，每年都投入巨额资金支持其发展。从各种运输方式的竞争情况上看，国家铁路的运输性价比较好，运能大、安全舒适、准时、不受气候影响，在中长距离客运和大宗货物运输上有较高的竞争优势。

地方铁路是由地方自行投资修建，担负地方公共旅客、货物短途运输任务的铁路。地方铁路是中国铁路的重要组成部分，是国家铁路的延伸和补充。地方铁路公司为省属自负盈亏的国企，主要负责各省市内部的铁路修建，起着当地大宗散装货物运输、人员进出和繁荣经济的作用。

合资铁路指铁道部与地方政府所属企业或其他投资者为加快铁路建设、促进国民经济和地方经济的发展而共同出资建设和经营的铁路。合资铁路投资少、周期短、运作灵活、人员少、劳动生产率高。合资铁路的出现是对中国铁路建设和管理的一种有益的探索，是深化铁路投融资改革的新途径。

3. 行业主要企业

行业主要企业包括中国铁路建设投资公司、中国中铁股份有限公司、中

铁集装箱运输有限责任公司、中铁行包快递有限责任公司以及国务院国资委直接管理的中国铁路物资总公司等。

八、铁路运输行业产业链

铁路运输行业产业链如图 11－2 所示。

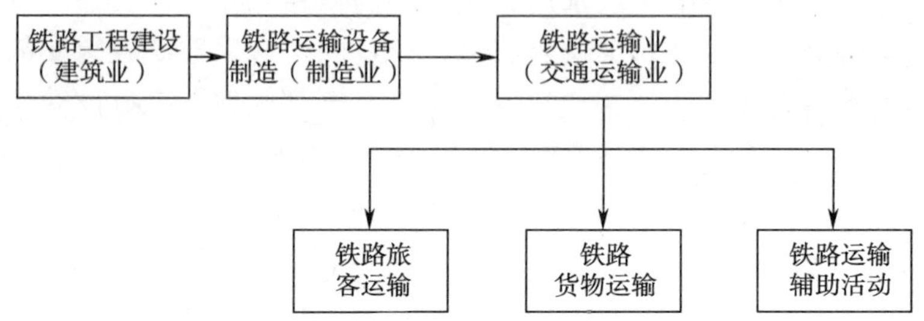

图 11－2　铁路运输行业产业链示意图

九、铁路行业融资需求因素

1. 节约成本、降低财务费用需求

铁路运输行业固定资产投资项目投资规模巨大，建设周期较长，中长期贷款需求旺盛，但同时也增加了铁路运输行业的成本和财务费用。因此，为了节约成本和财务费用，铁路运输企业对产品创新需求急切，如希望通过发行信托计划的方式降低融资成本。

2. 链式融资需求

铁路行业产业链联系比较紧密，铁路设备供应商、采购商之间关系密切，业务联系较多。铁路行业上下游企业以具体铁路项目为核心，在原料采购、生产销售环节中对银行的链式融资产品有较大需求。

3. 集团现金管理需求

铁路行业是典型的资本密集型行业，产业集中度较高。各大企业集团纷纷采取大集团战略，走上下游一体化的产业整合道路。各大企业集团为加强集约化管理、提高资金的利用率、降低集团财务成本，都提出集团现金统一管理的需求。

4. 其他的金融需求

铁路行业融资渠道比较窄小，主要靠铁路基金、债权融资、银行贷款等筹资。铁路运输行业对投资银行业务的需求非常强烈。铁路运输企业对于企业年金服务、个人金融服务等也有一定的需求。

5. 目标客户选择

以营销铁道部、铁路局为核心，择优支持铁道部及其直属和控股的运输公司、铁路局、铁路上市公司；择优支持国家干线铁路、铁路枢纽和客运专线授信；重点支持围绕核心企业开展的贸易链融资。

6. 明确重点营销产品，积极推进铁路运输行业融资业务

银行应针对铁路运输行业的建设期、资金回收期、运营期三个阶段现金流特征，利用银行的优势产品，设计有针对性的金融服务组合方案，在各个阶段分别加大项目融资、贸易融资、票据融资、流动资金贷款、现金管理等产品的营销力度，全方位地满足铁路运输企业的金融需求（见图 11 –3）。

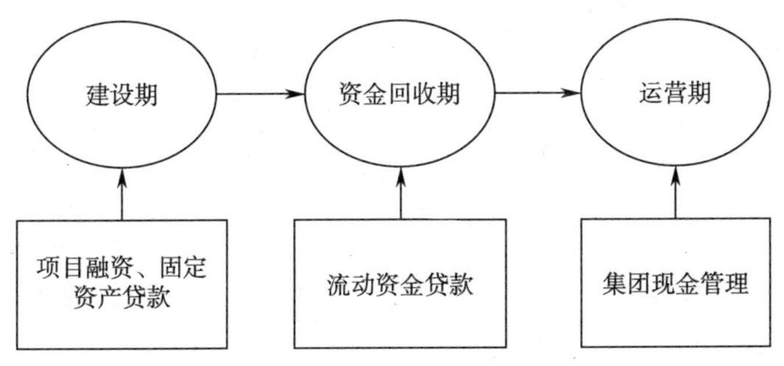

图 11 –3　铁路运输行业金融产品图

（1）固定资产贷款、项目融资贷款。铁路运输行业的新建项目和复线项目较多，大多数铁路运输企业的中长期项目资金需求较为突出。铁路运输企业的中长期项目，符合铁路运输行业产业升级的政策导向，授信风险可控，银行应积极支持重点地区的上述项目。铁路运输企业在建设期融资需求包括项目融资贷款和基本建设项目的固定资产贷款，在明确其对融资项目的投资建设和运营管理模式的基础上，考量授信主体是否存在授信所投项目之外投资或运营项目及资产，针对还款资金来源和现金流走向等因素予以区分并合理确定具体贷款品种。

（2）贸易链产品。深化产业链营销，在控制风险条件下推广贸易链产品，根据铁路行业中国铁路物资总公司下属原材料供应商、设备制造商关系密切，业务联系较多的特点，加大产业链营销，以具体铁路项目为核心，结合其上下游行业，以票据为手段，大力发展贸易链产品，为企业的原料采购、生产销售等全过程提供融资服务，提高铁路行业授信业务综合收益。

（3）针对集团客户的现金管理服务方案。铁路行业是典型的资本密集型行业，各大型铁路运输为加强集约化管理，提高资源的利用率，对集团现金统一管理均有需求。银行可以依托网上银行、集团统一授信、委托贷款等产品，提供本外币集团现金管理方案。铁路行业投资具有一定的周期性，投资密集期常常存在巨大的资金缺口，而还贷高峰期过后，又表现为现金流量较为充足。利用银行的现金管理服务方案，可以有效地实现内源性融资。

（4）投资银行业务为载体的融资业务。铁路企业资产负债率较高，有降低财务费用的客观要求。大型铁路企业资信状况较好，银行可提供短期融资券、中期票据、资产支持票据等产品，面向机构投资者，满足其多元化的融资需求，有效降低铁路企业的财务费用。

7. 营销思路

（1）借助铁道部等铁路主管部门。铁道部是铁路行业政策制定者，在营销工作中，要将铁道部作为营销龙头，并借此对其直属以及下属单位营销。

（2）加强对铁路运输行业重点客户、重点项目的营销。加大国铁重点项目的信贷营销力度。国铁项目具有资产规模巨大和抗风险能力强的特点，应将其作为重点营销和优先支持对象。对于国铁项目，须加强总分行联动营销力度，充分挖掘项目需求，多方面满足客户各个阶段的资金需求。

【案例1】 内蒙古铁鑫煤化集团有限公司授信方案

一、企业基本情况

内蒙古铁鑫煤化集团有限公司是以煤炭为主营业务的专业化公司。铁鑫公司总资产500万元，是呼和浩特铁路局多元经营系统首家被列为自治区60户重点的企业，也是铁道部多元系统唯一获得参加国家煤炭交易会议资格的企业。

二、银行授信方案

银行提供2亿元综合授信额度。其中银行承兑汇票额度8 000万元，30%保证金，定向用于向伊泰煤业购买煤炭；商业承兑汇票保贴额度1.2亿元，定向用于向煤炭经销商购买上游煤炭，要求上游煤炭经销商在银行办理商业承兑汇票置换银行承兑汇票。

【点评】

在各地的铁路局，有着大量的铁路多元化经营集团，这些多元化经营集团“靠山吃山”，多充分借助铁路的运输优势，从事煤炭、油品和钢材交易。银行可以与这些铁路多元化经营集团建立合作关系，提供动产融资等产品。

【案例2】　山东省铁路建设投资集团有限公司融资方案

一、企业基本情况

山东省铁路建设投资集团有限公司注册资金达23亿元人民币。该公司是由山东省国资委代表山东省人民政府投资设立的省属国有独资有限公司，持有并经营山东省境内由省政府投资或参股的铁路、城际及其他轨道交通及相关国有资产，并代表省政府对省内修建的铁路、城际及其他轨道交通进行融资、投资、建设和管理。该公司主要从事资产经营，铁路、城际及其他轨道交通项目投资、经营和管理，铁路、城际及其他轨道交通设备的维修。

二、银行授信方案

银行给予省铁路建设投资集团有限公司76亿元人民币3年期授信额度（涵盖已使用的10.5亿元，额度到期归还后，如在本批复项下有效提款期内，可继续使用），总授信额度78亿元，可为银行带来良好的综合效益（见表11－1）。

表11－1　授信方案

<table>
<tr><td>额度类型</td><td colspan="2">内部授信额度</td><td>授信方式</td><td colspan="3">单笔单批额度</td></tr>
<tr><td>授信额度（万元）</td><td colspan="2">760 000.00</td><td>授信期限（月）</td><td colspan="3">36</td></tr>
<tr><td>授信品种</td><td>币种</td><td>金额（万元）</td><td>保证金比例（%）</td><td>期限（月）</td><td>利/费率（%）</td><td>是否循环</td></tr>
<tr><td>①流动资金贷款</td><td>人民币</td><td>60 000.00</td><td>0.00</td><td>36</td><td>基准下浮10</td><td></td></tr>
</table>

续表

授信品种	币种	金额（万元）	保证金比例（%）	期限（月）	利/费率（%）	是否循环
②商业承兑汇票	人民币	30 000.00	0.00	12	基准下浮 10	
③国内信用证	人民币	10 000.00	0.00	36	基准下浮 10	
贷款性质	新增	本次授信敞口（万元）		760 000.00	授信总敞口（万元）	780 000.00
担保方式及内容	信用					
授信提款期 1 年，分次提款，分次签署借款合同，每次提款的贷款期限均为 3 年。 1. 商业承兑汇票：利用电子商业承兑汇票支付铁路的施工款，可以采取买方付息方式，等于是为借款人提供 1 年期流动资金贷款。 2. 国内信用证：利用国内信用证支付对关联公司的材料款，可以采取买方付息方式，通过使用国内信用证可以有效降低企业的资产负债率。						

【点评】

各地的地方铁路集团属于银行的黄金客户群体，地方铁路集团投资主体为本地省级政府，从事地方直线铁路的建设，这些地方铁路集团属于当地政府重点支持目标单位，银行可以选择与地方铁路投资集团建立信贷业务关系。提供授信可以考虑加入商业承兑汇票和国内信用证等产品组合。

【案例 3】 中国振兴铁路物资北京公司采购融资方案

一、企业基本情况

中国振兴铁路物资北京公司注册资金 6 005 万元，隶属于中国振兴铁路物资总公司。该公司主要经营业务是受铁道部委托向铁路系统销售钢轨、金属材料、柴油、汽油、润滑油、机械设备和铁路专用设备等产品，公司年实现经营收入 109.16 亿元。

铁道部为严控物资质量和采购成本，保障铁路运营安全，保证铁路运营

物资及时供应，对铁路专用钢轨、柴油、润滑油及各类重要物资，均指定由中国振兴铁路物资总公司进行专项供应。

中国振兴铁路物资北京公司作为振兴总公司全资子公司，按照总公司划分专项物资采供区域，其中供应对象主要为济南、呼和浩特、北京、郑州、乌鲁木齐、广州、南京等供应区的铁路局、工程局和铁路工厂。采购材料主要是包钢钢轨，华北石油公司柴油及包钢、首钢、邯钢、鞍钢、马钢、安钢、莱钢等大型国有企业的钢材。为保证供应物资货源和质量，中国振兴铁路物资北京公司与各生产厂签订常年购销合同，建立良好信誉，公司是包钢钢轨销售总代理、马钢 H 型钢华北、西北销售总代理、莱钢 H 型钢特约经销商。近两年随着市场拓展，与日照型钢有限公司、日照钢铁轧钢有限公司、河北津西钢铁股份有限公司、唐山中厚板材有限公司、江苏沙钢集团有限公司等钢厂也建立供应关系。经过多年努力经营，钢轨、柴油和一般钢材已经成为该公司三大支柱产品和主要收入来源。

中国振兴铁路物资北京公司应收账款周转天数为 10 天，存货周转天数为 21 天，资金周转速度快，资产质量优良。H 型钢是该公司钢材销售主打产品，公司继续保持 H 型钢的国内市场销售占有率（14%），成为国内最大 H 型钢销售商。

二、银行授信方案

（一）公司对银行融资工具需求分析

中国振兴铁路物资北京公司在购货环节支付大量现金预付货款（为提高资金利用率，降低融资成本，控制财务费用，而在业务中大量使用票据），而对铁路系统产品销售一般存在 3 个月账期，公司月均应收账款额约 4 亿元。因此针对该项资产，银行可以对应提供国内隐蔽型有追索权保理额度 2 亿元，单笔融资期限为 4 个月。

国际业务方面：主要供应商是唐钢、莱钢和鞍钢，最终用货方有韩国造船厂、韩国太光钢铁、韩国爱思钢铁、德国沙士基达等公司，每月平均业务量约 500 万美元。该项业务操作流程是该公司确定外方客户，并在收到外方客户开具的信用证后，向国内钢厂进行现款购货，银行可以对应提供银行承兑汇票。

国内业务方面：该公司主要供货单位是中石油、中石化、包钢、莱钢、日照型钢、日照热轧、河北津西、长城润滑油、天津日实润滑油、南车集团、

北车集团、山西焦煤、河北新华焦煤集团等国内大型生产商，供货及时，产品质量有保证，双方合作时间较长，信誉较好，且主要采用银行承兑汇票进行货款结算。销货单位主要为铁道部所属各铁路局和铁路工厂等，结算货款均纳入铁道部计划成本内，付款能力有保证。

（二）经营分析

该公司经营业务有如下特点。

1. 供求关系稳定，区域经营具有垄断性，符合银行目标客户标准。

2. 为铁路系统内供应物资，均纳入铁道部财政预算计划，因此销售回款有保证。

3. 经营产品为铁路消耗物资，需求量稳定，不受市场价格波动等多方面因素的影响。

4. 资产规模大，经营收入逐年稳步增长，经营周转速度快，资产质量优良，整体抗风险能力较强。

5. 对自营业务始终坚持不赊销，保证货物的快速周转，并成为多家钢厂的地区性代理，垄断一定渠道，通过近 10 年的市场开发，H 型钢的产品销售额占国内市场 14%，该公司成为国内最大 H 型钢销售商之一，形成一定竞争优势。

（三）风险分析

中国振兴铁路物资北京公司一直遵循稳健型经营发展思路。在专供物资业务中，由于所供物资为铁道部核定专项资金，因此货款回收有保证。公司自营业务在销售中均为现款现货销售，加之与钢厂合作较好，在产品价格出现明显波动的时候，厂商将参与风险承担，因此风险相对较低。公司没有 1 年以上应收账款，83% 应收款账龄在 3 个月以内，周转天数为 10 天，资产质量优良。

（四）授信方案

综合以上分析，银行提出了表 11－2 所示的融资方案。

表 11－2　授信方案

额度类型	公开授信额度	授信方式	综合授信额度
授信额度（万元）	70 000	授信期限（月）	12

续表

授信品种	币种	金额（万元）	保证金比例（%）	期限（月）	利/费率（%）	是否循环
①国内信用证（买方押汇）	人民币	20 000	0.00	12	按规定	是
②银行承兑汇票	人民币	30 000	15.00	12	按规定	是
③国内隐蔽型有追索权保理（商业发票贴现）	人民币	30 000	0.00	12	综合费率不超过同档次贷款利率	是

（五）业务流程

1. 焦炭融资

（1）中国振兴铁路物资北京公司在国内焦炭采购中，银行提供国内信用证。中国振兴铁路物资北京公司与山西××焦煤集团签订焦炭购买协议，合同总价2亿元人民币。山西××焦煤集团为大型民营煤炭经销企业，直接付款中国振兴铁路物资北京公司不放心。

（2）山西××焦煤集团收到国内信用证后，在省内组织采购，2个月后发运焦炭，提供发运凭证，银行即刻向中国振兴铁路物资北京公司提供买方押汇，押汇金额2亿元人民币。

（3）中国振兴铁路物资北京公司组织将焦炭销售给广东新力钢厂，合同总价3亿元人民币，约定付款方式为现款现货，收到焦炭款项后，即刻归还银行押汇融资。

2. 钢铁融资

（1）中国振兴铁路物资北京公司与南昌××铁路局签订《铁路轨道钢供应合同》，合同总价款3亿元人民币。

（2）中国振兴铁路物资北京公司在银行办理3亿元银行承兑汇票购买轨道钢，银行承兑汇票期限6个月。

（3）1个月后，中国振兴铁路物资北京公司将轨道钢发运给南昌××铁路局，南昌××铁路局质检合格后，签发产品收妥函。

（4）中国振兴铁路物资北京公司将南昌××铁路局针对其的应收账款转让给银行，银行提供3亿元保理融资。3亿元保理款项用于兑付银行承兑汇票。

（5）6个月后，中国振兴铁路物资北京公司从南昌××铁路局收回合同

全部款项，归还3亿元保理融资。

【案例4】　太原××铁路局融资方案

一、企业基本情况

太原××铁路局注册资金236亿元，是隶属于铁道部的大型国有企业，实收资本617亿元，主要从事铁路客货运输。全局固定资产总值650亿元，现有职工96 403人。年旅客发送5 600万人，货物发送8 000万吨，换算周转量1 330亿吨公里。

太原××铁路局总营业里程4 136公里。管内铁路连接闽、赣、鄂、豫、皖、浙、粤、湘八省，在全国路网中起着承东启西、沟通南北的重要作用。随着《中长期铁路网规划》实施，太原××铁路局区内铜九铁路、井冈山铁路、温福铁路、福厦铁路、龙厦铁路、韶赣铁路、九景衢铁路等，正逐步建设并投入运营。

二、银行授信方案

太原××铁路局从事铁路运输行业，该行业政企合一，属国家垄断行业，全国铁路投资大部分是由铁道部投入，各地方政府以土地拆迁方式入股。

1. 授信方案

银行拟给其增加8亿元的额度，主要用于东南沿海铁路有限责任公司承办的福厦高速铁路项目建设，其中4亿元贷款、4亿元银行承兑汇票。

通常，铁路公司在银行存款沉淀较少，因此，需要设计银行融资思路，通过产业链吸收一定的存款沉淀。太原××铁路局经营效益较好，铁道部对下属路局贷款执行高度集权管理，流动资金贷款权集中到铁道部财务司。银行可以选择太原××铁路局的下属路独立铁路公司作为营销突破口。

2. 铁路行业风险

因太原××铁路局从事的是国家铁路运输，其固定资产均是国家铁路路网资产，若其不还款，银行无法执行其财产，同时太原××铁路局无审计报告。太原××铁路局是强势客户，银行谈判能力相对处于弱势，贷款偿还完全依赖于客户的还贷意识和信誉。

3. 业务流程

（1）银行为太原××铁路局核定8亿元综合授信额度，签订综合授信协

议，约定4亿元项目贷款、4亿元银行承兑汇票。

（2）太原××铁路局向银行提供授信额度授权使用函，授权铁路局下属东南铁路有限责任公司在银行办理贷款手续。签订项目贷款协议和银行承兑汇票协议。太原××铁路局对授权使用授信额度提供担保。

（3）东南铁路有限责任公司使用4亿元项目贷款，用于支付铁路工程款；办理4亿元银行承兑汇票，对外进行采购铁路专用物资及支付部分工程款。

（4）使用银行承兑汇票。项目建设初期，东南铁路有限责任公司支付铁路工程款，东南沿海铁路有限责任公司可以代理其上游施工企业在银行办理代理贴现，东南铁路有限责任公司收取0.1%左右的代理费。银行获得一定的存款沉淀。银行同时借助东南铁路有限责任公司营销其上游客户——铁路施工企业。

在铁路项目施工基本完毕，东南铁路有限责任公司购买铁路基础物资，支付铁路机车款，使用买方付息代理贴现银行承兑汇票，银行同时借助东南沿海铁路有限责任公司营销其上游客户——铁路设备供应商。

【案例5】　广州铁路局融资方案

一、企业基本情况

广州铁路局是国有特大型铁路运输企业，位于全国路网中心，与北京、济南、西安、武汉、上海、太原局相邻。全局管辖营业线路38条（包括支线），营业里程2 411.41公里，线路总延展长度6 933.995公里，正线10 086.6公里。管内15条干线纵横交织，既是豫、晋、陕三省煤炭外运的主要通道，又是京广、焦柳铁路集散地，对于沟通内地与沿海及全国各大区之间旅客运输和物资交流起着重要作用。

二、银行授信方案

此次申请融资项目为新（乡）荷（泽）铁路电气化改造，根据情况看，该项目广州铁路局已按进度基本完成投资，已满足了自有资本金占比要求，银行授信额度仅用于支付工程尾款。

使用商业承兑汇票保押：支付对广州铁路多元化经营集团的合同款。广州铁路多元化经营集团持商业承兑汇票可以转开银行承兑汇票，银行可以要求广州铁路多元化经营集团缴存20%比例的保证金（见表11－3）。

表 11－3　授信方案

额度类型	内部授信额度		授信方式	单笔单批额度		
授信额度（万元）	32 200.00		授信期限（月）	240		
授信品种	币种	金额（万元）	保证金比例（%）	期限（月）	利/费率（%）	是否循环
①技术改造项目的固定资产贷款	人民币	12 200.00	0.00	240	按银行规定执行	
②商业承兑汇票保押	人民币	10 000.00	0.00	6	按银行规定执行	
贷款性质	新增	本次授信敞口（万元）		32 200.00	授信总敞口（万元）	32 200.00
担保方式及内容	信用					
授信前需落实条件或其他授信要求：除授信前需落实条件或其他授信要求之外，品种之间的串用规则，集团成员公司的额度分配方案也在此说明						

【点评】

本案例中，银行精巧设计授信方案，将商业承兑汇票有效嵌入授信方案中，银行为客户提供商业承兑汇票，用于商品物资的采购，通过商业承兑汇票，有效关联营销铁路局的配套企业。商业承兑汇票具有较好的封闭性，引导铁路局签发商业承兑汇票，由上游企业持商业承兑汇票到银行办理贴现，银行收益极好。

【案例 6】　湖北中宇铁路机车车辆销售租赁有限公司铁路设备租赁保理方案

一、企业基本情况

1. 湖北中宇铁路机车租赁有限公司

湖北中宇铁路机车租赁有限公司注册资金 1.38 亿元，总资产 26 亿元，是一家专业从事铁路机车车辆租赁的公司。湖北中宇铁路机车租赁有限公司

以销售、租赁、中介代理、技术服务及投资联营等方式，向客户提供铁路各类机车车辆、动车组、城市轻轨、地铁车辆等轨道交通运输设备、专用设备、大型互换件以及铁路行业各类技术装备。

湖北中宇铁路机车租赁有限公司已成功地运作广深铁路公司5台韶山8型电力机车、石长铁路公司2列25B型客车组、广铁集团200辆25B型客车及广深铁路8列时速为230公里的“蓝箭”电动车组的租赁经营项目。

2. 广元铁路有限公司

广元铁路有限公司注册资金136亿元，实收资本417亿元，主要从事铁路客货运输业务。公司固定资产总值650亿元，现有职工96 403人。年旅客发送5 600万人，货物发送8 000万吨，换算周转量1 330亿吨公里，企业实力非常强。该公司是银行的黄金客户。

二、银行授信方案

铁路系统设备采购及贷款融资需要铁道部财务司统一批准及安排，因此广元铁路有限公司虽然实力较强，却不能独立向银行贷款融资。湖北中宇租赁公司出租给广深铁路公司5台韶山8型电力机车，总计租金3亿元。

湖北中宇铁路机车租赁有限公司由于大量办理机车租赁，公司流动资金紧张。公司采购机车为一次性付款，租车一般为3年，分季度收回租金。承租人多为铁路公司，信誉较好。银行可以借助湖北中宇铁路机车租赁有限公司间接进入铁路行业。银行认为，广元铁路有限公司商务履约能力较强，整体融资方案风险控制牢牢依托在广元铁路有限公司，据此，银行提供表11－4所示的供应链融资方案。

表11－4　湖北中宇租赁公司供应链融资方案

<table>
<tr><td>供应授信资源描述</td><td>授信工具</td><td>保理</td><td>期限</td><td>3年</td><td>金额</td><td>3亿元</td></tr>
<tr><td>保证金比例</td><td>0</td><td>敞口</td><td>3亿元</td><td>担保方式</td><td colspan="2">商务履约</td></tr>
<tr><td>授信根据</td><td colspan="6">1＋N供应链融资</td></tr>
<tr><td>核心企业</td><td colspan="6">广元铁路有限公司</td></tr>
<tr><td>承贷企业</td><td colspan="6">湖北中宇租赁公司</td></tr>
<tr><td>银行收益</td><td colspan="6">保理融资手续费：3亿元保理额度，赚取100万元手续费
融资利息收入：平均保理融资率按照贷款利率约6%，3亿元融资，约可以获得1 800万元利息收入
存款收益：销售回款存款，在银行平均存款约在5 000万元</td></tr>
</table>

续表

融资合理性分析	湖北中宇租赁公司已经与广元铁路有限公司签订铁路机车租赁协议，租赁收费总金额约3亿元，基础交易真实，融资需求合理
风险描述	整个供应链融资方案的履约风险取决于广元铁路有限公司，广元铁路有限公司实力较强，履约风险较小
法律文本	租赁收入转让协议已经法律部门审定

第一，湖北中宇铁路机车租赁有限公司与广深铁路公司签订铁路机车租赁合同，租赁5台韶山8型电力机车，总价格为3亿元，租赁期为3年。铁路机车租赁合同签订后，湖北中宇铁路机车租赁有限公司立即使用自有资金向长春轨道车辆有限公司购买铁路车辆。

第二，湖北中宇铁路机车租赁有限公司帮助银行收集广深铁路公司的财务资料，银行审查广深铁路公司的财务状况，为其核定3亿元综合授信额度（买方保理额度），期限为3年。

第三，银行与湖北中宇铁路机车租赁有限公司签订租赁收入转让协议，约定将3亿元租赁款全部转让给银行，银行提供3亿元融资。湖北中宇铁路机车租赁有限公司通知广深铁路公司将收取租金账户修改为××银行。

第四，银行有追索权地从湖北中宇铁路机车租赁有限公司处买入铁路机车租赁合同项下应收租赁款，支付合同对价。

第五，根据铁路机车租赁合同，广深铁路公司定期支付租金，银行从湖北中宇铁路机车租赁有限公司在银行账户扣收资金归还3亿元保理贷款融资。

铁路机车租赁合同样本

出租人 ____________

承租人：____________

出租人

住所地：____________

法定代表人：________

电话：______________　　　　邮政编码：______________

传真：______________

承租人

住所地：____________

法定代表人：________

电话：______________　　　　　邮政编码：______________

传真：______________

合同签订地点：________

合同签订日期：________年______月______日

出租人与承租人依据《中华人民共和国合同法》及有关法律、法规，经平等协商一致，订立本合同，以资共同遵守。

第一条　租赁物

出租人根据承租人的要求，购进____________（以下简称“租赁物”）并出租给承租人使用。租赁物的名称、规格、型号、数量和使用地点详见铁路机车租赁合同附表，该附表为本合同不可分割的组成部分。

第二条　租赁物的所有权

租赁物的所有权属于出租人，承租人在租赁期间享有对租赁物的使用权。承租人不得在租赁期内对租赁物进行销售、转让、转租、抵押、质押、投资入股等处分行为，或以其他任何方式侵害租赁物的所有权。

第三条　声明和保证

出租人在此声明和保证：

1. 出租人是依法成立且在租赁期间内合法存在的企业法人，有权签订并履行本合同；

2. 出租人签订本合同已得到董事会或企业相应权力机构的同意，符合公司章程和相关规定；

3. 出租人进行承包经营、合并、分立、联营、重组、歇业、解散等影响本合同的事项，保证事先书面通知承租人。

承租人在此声明和保证：

1. 承租人是依法成立且在租赁期间内合法存在的企业法人，有权签订并履行本合同；

2. 承租人签订本合同已得到董事会或企业相应权力机构的同意，符合公司章程和相关规定；

3. 承租人使用租赁物未超出公司章程和营业执照许可的范围，且用于合法目的；

4. 承租人实行承包经营、合并、分立、联营、重组、歇业、解散等影响本合同的事项，保证事先书面通知出租人；

5. 承租人签订本合同已取得有关政府部门的许可（如需要），已依法办妥一切必要手续。

第四条　租赁期限

租赁期限为________年，即自________年________月________日起至________年________月________日止，起租日为________年________月________日，该起租日不受租赁物卖方和承租人延迟交货、验收、索赔、退货等因素的影响。

第五条　租金

本项目租赁本金总额为人民币________。承租人应及时向出租人支付租金，承租人应参照铁路机车租赁合同附表所规定的金额、期限、方式、币种及一般地按下述规定向出租人支付租金。

承租人保证在租金支付日前 5 天以电汇或转账方式汇出租金，并提供有效付款单为凭证。支付日为租金实际存入出租人银行账户日。若该到账日为非银行营业日，则存入银行账户日顺延至下一个银行营业日。

本合同或本合同任何附件下将向出租人缴付的所有租金及其他款项必须是无条件的，须足额支付而不附有任何抵消或反索。在任何时候，如果任何适用法律或规定要求承租人对本合同项下的任何支付进行扣减，承租人应向出租人支付一笔额外的款项，以使出租人收到的款项如同未对该项支付作出扣减时应付的金额一样。

本条第一款租金是根据概算成本计算的，如当租赁物起租之时实际成本与概算成本不一致时，以实际成本为准，租金应作相应的变更。出租人对租金的变更应书面通知承租人，承租人承认该等变更，并同意按实际成本确定的租金支付。

第六条　租赁利率

本合同项下的租金年利率为________。

在本合同租赁期内，由于国家调整有关税种、税率及银行利率等原因，出租人有权自国家规定实行改变之日当月起开始变更租金，并以形式如租金调整支付表的书面形式通知承租人，承租人承认该等变更，并同意按变更后的租金支付。

第七条　手续费

承租人应向出租人支付租赁手续费。租赁手续费为租赁物价款的百分之________。租赁手续费支付方式见铁路机车租赁合同附表。

第八条　租赁保证金及租赁担保

本合同一经签订，承租人即应向出租人支付________元租赁保证金，作为履行本合同的保证。

前款租赁保证金________（不计/按年利率________%计算）利息，在本合同租赁期届满时（全额/连本代息）返还给承租人，或者抵作最后一期租金的全部或一部分。

如承租人违反本合同义务，出租人将从租赁保证金中抵扣承租人应支付给出租人的款项，抵扣后3个工作日内，承租人应及时补足保证金。

承租人提供________担保方式，作为对本合同项下承租人偿还租金的担保。

第九条　租赁物的购买

承租人根据自己的需要，自行选择确定出卖人和租赁物。承租人对出卖人的资信负责，对租赁物的名称、商标、规格、型号、质量、数量、技术标准及服务内容、技术保证及价款、交货期限、地点和方式、包装方式、检验标准和方法等有全部的决定权，承租人对其决定自行承担全部责任。

在承租人选定出卖人、租赁物，并确定买卖合同条件后，出租人以买受人的名义与出卖人签订买卖合同，购买租赁物，并出租给承租人使用。承租人应在买卖合同上签字确认买卖合同中的全部条款。

购买租赁物的价款由出租人支付。有关购买租赁物应缴纳的税款和运输费、仓储费、非出租人原因导致的滞纳金等必须支付的费用，由承租人支付。

第十条　租赁物的交付与验收

租赁物由出卖人按买卖合同约定的交付时间、地点等条件直接向承租人交付。承租人应按照买卖合同履行接收、检验租赁物的义务，并在租赁物运抵交货地点后________个工作日内向出租人出具租赁物接收证书。承租人收

到租赁物，即视为出租人已交付租赁物给承租人，出租人交付租赁物的质量等条件与买卖合同相同。如承租人未在上述规定的期限内接收检验租赁物或/及未向出租人出具租赁物接收证书，亦视做出租人合格地交付了租赁物。

如买卖合同约定的交付地点非租赁物的使用地点，承租人应自行将租赁物运输至使用地点，并承担运输费、保险费等一切费用。

第十一条　索赔

出租人和承租人一致同意，如租赁物的供应商不履行买卖合同项下的义务，则承租人直接行使索赔的权利，直接向出卖人索赔，并自行支付索赔所需费用和承受索赔结果。同时承租人应书面通知出租人，出租人应给予必要协助。

承租人向租赁物的出卖人索赔，并不影响本合同的效力和继续履行，不论索赔结果如何，承租人仍应按本合同约定向出租人支付租金。

第十二条　租赁物的保险

承租人应在本合同生效之日起________日内，在出租人同意的保险公司对租赁物投保财产一切险及通常应该投保的其他险种，保险金额为租赁物本金的110%，保险须以出租人为被保险人，一切保险费用和支出均由承租人负担。

在本合同项下租赁本金、利息和费用偿清之前，承租人不得以任何理由中断保险。如承租人未投保或中断保险，出租人有权代保或续保，费用由承租人承担。如承租人未投保或中断保险，租赁物因不可归责于双方当事人的事由而发生毁损、灭失时，出租人有权提前终止合同，并要求承租人按照租赁合同附表支付提前终止损失金。

租赁期内发生保险事故，承租人应立即通知出租人和保险公司，出租人应协助承租人办理索赔。由于没有及时通知或及时索赔给出租人造成的损失由承租人承担。保险赔偿金由出租人收取，并按下列方式处理。

1. 如发生非全损保险事故，在承租人对租赁物进行修复后，出租人应将保险赔偿金支付给承租人；

2. 如发生全损，保险赔偿金抵扣承租人应付租金和提前终止损失金及其他应付费用。

保险赔偿金的延迟给付并不能构成承租人向出租人延迟给付的理由，承租人更不能将保险索赔权冲抵其应付出租人的任何款项。

第十三条　租赁物的使用、保管、维修和税费

承租人应当妥善保管、使用租赁物，未经出租人书面同意，承租人不得改变附件所列租赁物的安装、使用地点，不得改动租赁物的外形、结构。承租人应当按出租人的要求在租赁物件上张贴并保留相应标志，以表明出租人的所有权。承租人应负责租赁物的维修、保养，并承担由此产生的全部费用。出租人有权随时检查租赁物的使用和保养情况，承租人应提供检查所需便利条件。

在租赁期间，承租人未经出租人同意，将租赁物进行抵押、转让、转租或投资入股，即构成其在本合同项下的违约，出租人有权解除合同，收回租赁物，并要求承租人偿还全部租金。承租人在占有、使用租赁物期间，如租赁物造成第三人的人身伤害或者财产损害，由承租人负责，出租人不承担任何责任。

租赁物在安装、使用和保管等过程中发生的一切税款、费用，均由承租人负担。

第十四条　租赁物的毁损、灭失处理

租赁物在交付给承租人后的毁损、灭失风险，由承租人承担。

租赁物发生毁损时，承租人应及时通知出租人，并自费将租赁物修复至完全正常使用的状态。在租赁物修复期间，承租人仍应按期支付租金。

如租赁物灭失或者毁损至无法恢复原状的程度时，本合同终止，承租人应按租赁合同附表所约定的提前终止损失金赔偿给出租人。

第十五条　租赁期满后租赁物的处理

租赁期间届满后，本合同租赁物采取留购方式处理，即承租人在支付全部租金，并支付人民币________元的名义货价后，出租人将租赁物出卖给承租人。名义货价应与最后一期租金一并支付。

全部租金和名义货价按约定付清后，出租人将租赁物的所有权转移给承租人。

第十六条　先决条件

本合同在满足下列全部先决条件后生效。

1. 出租人与出卖人签署了买卖合同；

2. 出租人已与________（担保方）签署了________担保合同，且该担保合同已生效；

3. 承租人签署本合同已取得有关政府部门的许可，并已依法办妥一切必

要的手续；

4. 承租人签署本合同已得到董事会通过。

第十七条　违约责任

如果任何一方未履行其于本合同项下的任何义务或如果任何一方在本合同项下的声明或保证不真实或实质上是错误的，该方应被视为违约，应依法承担违约责任。

如承租人不按本合同约定支付租金或者不履行本合同项下其他任何义务，出租人有权采取以下一项或多项措施。

1. 要求承租人付清一部分或全部租金（含已到期和未到期的）及其他费用；

2. 对迟延支付的租金、保证金及费用，按每日5/10 000计收迟延利息；

3. 解除本合同，收回租赁物，并要求承租人赔偿损失；

4. 要求承租人赔偿损失。

出租人采取前款措施，并不免除承租人在本合同项下的其他义务。

在本合同有效期间内，出租人应当保证承租人对租赁物的占有和使用。出租人非法干预承租人对租赁物的正常使用或者擅自取回租赁物，造成承租人损失的，出租人应承担赔偿责任。

第十八条　提前终止合同

承租人有下列情形之一的，出租人有权要求承租人在规定的期限内提供适当的担保，承租人未能在规定的期限内提供担保的，出租人可以提前终止本合同，并要求承租人立即付清全部租金（含已到期和未到期的）及其他费用。

1. 经营状况严重恶化；

2. 转移财产、抽逃资金，以逃避债务；

3. 丧失商业信誉；

4. 有丧失或者可能丧失履行债务能力的其他情形。

第十九条　义务的连续性

本合同项下承租人的一切义务具有连续性，对其继承人、代理人、接管人、受让人及其合并、改组、更改名称等的主体均具有完全的约束力。

第二十条　出租人权利的累加性

出租人在本合同项下的权利是累加的，并不影响和排除出租人根据法律

和其他合同对承租人所可以享有的任何权利。除非出租人书面表示，出租人对其任何权利的不行使、部分行使和/或延期行使，均不构成对该权利的放弃或部分放弃，也不影响和妨碍出租人对该权利的继续行使或对其任何其他权利的行使。

第二十一条 适用法律与诉讼

本合同适用于中华人民共和国法律并依中华人民共和国法律解释。

本合同在履行中，如发生争议，在协商不成时，双方均同意采取以下第________种方式解决。

1. 向________仲裁委员会申请仲裁；

2. 向出租人住所地人民法院提起诉讼。

第二十二条 通知

本合同项下任一当事人对其他当事人的通知须按本合同首页所列地址进行。任一当事人变更名称、地址、邮政编码、电话和传真号码，须及时书面通知其他当事人。

以信件邮寄或传真发出的通知，信件交邮后的第七日视为收件日期，传真发出后的第二日为收件日期。

第二十三条 其他

1. 下列合同附件，为本合同不可分割的组成部分，与本合同其他条款具有同等约束力。

（1）租赁申请书；

（2）租赁合同附表；

（3）买卖合同及其附件；

（4）租金支付调整表。

2. 如果本合同的某条款或某条款的部分内容在现在或将来成为无效或不可强制执行的，该无效条款或该无效部分并不影响本合同及本合同其他条款或该条款其他内容的有效性或可强制执行性。

3. 本合同经双方书面同意可以修改或补充；本合同的任何修改和补充均构成本合同不可分割的组成部分。

4. 本合同一式两份，出租人、承租人双方各执一份，具有同等法律效力。

第二十四条 生效条件

本合同经出租人、承租人的法定代表人或委托代理人签字并加盖公章后

成立，在本合同第十六条规定的先决条件全部满足后生效。

出租人（盖章）：________________________

法定代表人或授权代表人（签字）：________

承租人（盖章）：________________________

法定代表人或授权代表人（签字）：________

附件一

铁路机车租赁合同附表

<table>
<tr><td>序号</td><td colspan="4">合同主要事项</td></tr>
<tr><td rowspan="3">1</td><td colspan="1">租赁物名称</td><td colspan="3"></td></tr>
<tr><td>型号</td><td colspan="3"></td></tr>
<tr><td>规格</td><td></td><td>数量</td><td></td></tr>
<tr><td>2</td><td>铁路机车制造厂商</td><td></td><td>卖方</td><td></td></tr>
<tr><td>3</td><td>预定交货期</td><td colspan="3"></td></tr>
<tr><td>4</td><td>交货条件</td><td></td><td>卸货港</td><td></td></tr>
<tr><td>5</td><td>国内运输方式</td><td colspan="3"></td></tr>
<tr><td>6</td><td>安装/使用地点</td><td colspan="3"></td></tr>
<tr><td rowspan="2">7</td><td>租赁期限利率</td><td></td><td rowspan="2">租金支付方式</td><td rowspan="2"></td></tr>
<tr><td>租赁本金总额</td><td></td></tr>
<tr><td rowspan="4">8</td><td rowspan="4">租金</td><td colspan="3">第一期：________年________月________日前付（金额）：________</td></tr>
<tr><td colspan="3">第二期：________年________月________日前付（金额）：________</td></tr>
<tr><td colspan="3">第三期：________年________月________日前付（金额）：________</td></tr>
<tr><td colspan="3">第四期：________年________月________日前付（金额）：________</td></tr>
<tr><td rowspan="4">9</td><td rowspan="4">提前终止损失金</td><td colspan="3">第一期：________年________月________日前付（金额）：________</td></tr>
<tr><td colspan="3">第二期：________年________月________日前付（金额）：________</td></tr>
<tr><td colspan="3">第三期：________年________月________日前付（金额）：________</td></tr>
<tr><td colspan="3">第四期：________年________月________日前付（金额）：________</td></tr>
</table>

续表

10	租赁保证金（大写）：
11	手续费及支付方式：
12	名义货价（大写）：
13	增值税或产品税约计人民币：
14	备注： （1）名义货价在租赁期满时与最后一期租金一并支付。 （2）手续费和名义货价：手续费和名义货价以概算设备价款为基础进行计算；当实际设备价款与概算设备价款有出入时，以实际设备价款为准，调整手续费和名义货价金额。 （3）此租赁项目发生的银行费用等由出租人垫付，承租人按出租人实际支付的数额付给出租人
15	其他（如保险费等）：

出租人（盖章）：________　　　　承租人（盖章）：________

附件二

租金调整支付表

基于中国政府已对__________进行了调整，从原有的__________调整到________，根据委托租赁合同第六条的约定，现将租金支付表进行相应的调整，自________年________月起，将租赁利率从________%调整为________%，租金按新的利率进行计算，委托租赁合同租金支付表自该月起废除，承租人按本次调整后的租金支付表支付租金。

出租人盖章：________　　　　承租人盖章：________

附件三

本合同为________号《铁路机车融资租赁合同》的附件

编号：

期数	日期	金额

铁路机车买卖合同样本

卖方：____________________________

买方：____________________________

最终用户：________________________

卖方（以下简称甲方）：________

住所地：__________________________

法定代表人：______________________

电话：____________________________　　　　邮政编码：________________

买方（以下简称乙方）：________

住所地：________________________

法定代表人：____________________

电话：__________________________　　　　邮政编码：_________________

最终用户：（以下简称丙方）____

住所地：________________________

法定代表人：____________________

电话：__________________________　　　　邮政编码：_________________

合同签订地点：_________________

合同签订日期：________年________月________日

鉴于本合同购销的货物（以下简称“设备”）是为融资租赁业务而采购的，乙方、丙方分别作为出租人和承租人签署了________号融资租赁合同。乙方接受丙方的委托，根据丙方对甲方及甲方设备的选定向甲方购买________，用于租赁给丙方使用，同时基于上述原因，本合同中某些条款所规定的乙方的权利和义务可转移给丙方行使。

第一条　设备

设备的品名、数量、规格、单价、总价等设备信息详见设备清单。

第二条　货款支付

货款总额为________（币种）________元；

货款由乙方向甲方支付，乙方应当在收到以下单据后________日内以电汇或转账的方式将货款全额支付给甲方。

1. 丙方出具的租赁物件接收证书及付款通知书；

2. 甲方出具的正式发票和相关单据。

第三条　设备交付

运输方式：_____________

起运地点：_____________

交货地点：_____________

包装：_________________

交付时间：_____________

保险：________________

基于本次买卖设备的最终用户为丙方，所以，甲方应直接向丙方交付设备，丙方享有受领设备的买受人的权利。

第四条　验收与索赔

丙方应在设备运抵交货地点后________个工作日内对设备进行接收和检验，并向甲方和乙方出具收货及检验单据。

如丙方未在上述规定的时间内接收和检验设备，由此造成的损失和费用由丙方承担。给甲方和乙方造成损失的，丙方还应承担赔偿责任。

如丙方检验发现甲方交付的设备存在质量瑕疵，在数量、型号、规格上与本合同约定不符，丙方应直接要求甲方退货或更换新的设备，由此造成的损失，丙方应在________日内向甲方索赔。

合同各方一致同意，如果甲方不履行本合同项下义务，由丙方直接行使索赔的权利，并自行支付索赔的费用和承受索赔的结果。

第五条　安装与调试

甲方负责为丙方安装和调试设备，丙方应提供必要的协助，包括：

1. 提前准备好设备的安装场地、辅助材料和设施；

2. 为甲方的安装调试人员提供食宿上的方便。

在安装调试期间，甲方应免费为丙方培训________名技术人员，直至丙方技术人员能正确操作设备。

设备的调试期（试运行期）为________个月，自设备安装完成之日起算，调试期满后，如设备合格，丙方应向甲方出具验收合格证书。如设备运行不稳定，或与本合同约定不符，甲方应继续安排技术人员免费为丙方调试设备或更换新的配件，直至设备运行稳定符合要求为止。如甲方未能在________个月内将设备调试合格，丙方有权撤销本合同，并要求甲方赔偿损失。

第六条　质量保证条款

1. ____________

2. ____________

3. ____________

4. ____________

第七条　售后服务

1. ____________

2. ____________

3. ____________

4. ____________

第八条　所有权的约定

甲方交付设备后，设备的所有权即属于乙方。

第九条　违约责任

1. 如乙方未能按时支付设备价款，则乙方应就设备总金额按每日5/10 000向甲方支付滞纳金。

2. 如甲方未能按约定的时间交付设备，则甲方应就设备总金额按每日5/10 000向乙方支付滞纳金。由此给乙方或丙方造成损失的，甲方还应承担赔偿责任。

第十条　适用法律与诉讼

1. 本合同适用于中华人民共和国法律。

2. 本合同在履行中，如发生争议，在协商不成时，甲乙丙三方均同意采取以下第________种方式解决：

（1）向________仲裁委员会申请仲裁；

（2）向乙方住所地人民法院提起诉讼。

第十一条　合同附件

下列合同附件，为本合同不可分割的组成部分，与本合同其他条款具有同等约束力。

1. 设备清单；

2. 验收标准。

第十二条　其他

本合同经甲乙丙三方的法定代表人或授权代表人签字并加盖公章后生效。

本合同一式三份，甲乙丙三方各执一份，具有同等法律效力。

甲方（盖章）：________________

法定代表人或授权代表人（签字）：________

乙方（盖章）：________________

法定代表人或授权代表人（签字）：________

丙方（盖章）：________________

法定代表人或委托代理人（签字）：________

【案例7】 重庆新华铁路油料物资实业有限公司供应链融资方案

一、企业基本情况

重庆新华铁路油料物资实业有限公司注册资金2 600万元，其中重庆新华铁路局多元经营集团公司持股比例98.08%，重庆新华中铁运输代理有限公司持股1.92%。重庆新华铁路油料物资实业有限公司属国有控股企业，公司主营业务为批发汽油、柴油、煤油，销售石油制品，自备车营运及铁路延伸服务等。重庆新华铁路局多元经营集团公司是重庆新华铁路局下属的全资大型多元经营企业。

重庆新华铁路油料物资实业有限公司取得商务部颁发的成品油批发经营批准证书，年成品油销售4万吨。在油品资源高度紧张情况下，公司通过与四川海洋石油销售有限公司建立起战略合作关系，极大地拓宽油品来源，保证公司成品油经营稳定快速发展。

二、公司渠道分析

1. 公司上游油源渠道

重庆新华铁路油料物资实业有限公司油品供应商有四川海洋石油销售有限责任公司（每月约3 000吨）、宝鸡华海工贸有限公司（每月约3 200吨）、昆明乐维物资供销中心（每月约4 000吨）、其他公司（约800吨）等。

四川海洋石油销售有限责任公司资源组织能力很强，油品来源渠道广泛且有保证。四川海洋石油销售有限责任公司注册资金5 000万元，是首批获得成品油批发经营许可证的八家企业之一，主要经营汽油、柴油、煤油的批发、零售及仓储，化工产品销售和仓储。公司拥有一座储存量达2万立方米的仓库。公司与中国××石油西北公司、陕西宝华工贸有限公司建立了长期合作关系，公司油料供应渠道顺畅，油品供应有保证（见表11－5）。

2. 公司下游销售渠道

重庆新华铁路油料物资实业有限公司主要客户为大型石油公司，资金实力雄厚，信誉良好，付款及时。应银行要求，重庆新华铁路油料物资实业有限公司与下游客户协商，在销售合同上指定融资银行为收款银行，收款账号为申请人在银行开立的监管账户，双方将严格履行贸易合同，从而保证货款

全部回笼至银行（见表 11－5）。

表 11－5　公司渠道分析

供应渠道分析			
序号	前三名供应商（按金额大小排名）	金额（万元）	占全部采购比率（%）
1	中国××石油西北公司	26 400	37
2	陕西宝华工贸有限公司	19 200	27
3	四川海洋石油销售有限责任公司	20 400	28
供应商总体评价从供货质量价格、供货稳定性、付款条件等方面对供应商进行描述： 以上三家是公司主要的油品供货来源，付款方式全部为预付货款，对方收到货款组织发货，以 3 个月银行承兑汇票支付，供货较为稳定，质量可靠			
销售渠道分析			
序号	前三名销售商（按金额大小排名）	金额（万元）	占全部销售比率（%）
1	中国××石油公司西南销售分公司	15 400	28
2	中国××石油公司云南石油分公司	17 430	32
3	中国××石油公司贵州石油分公司	7 010	13
销售商总体评价从销售价格、稳定性、付款条件等方面对销售商进行描述： 对于上述三家石油客户，公司发货后，出具增值税票，对方收到发票后以现款支付。公司成品油销售主要的三家客户，占公司全部销售额的 73%，供销关系稳定，价格合理。对于其他客户，公司采取的是预付账款的方式，收到货款后组织发货			

三、银行授信方案

（一）授信方案

银行提供的授信方案见表 11－6。此次授信品种为银行承兑汇票及保贴商业承兑汇票，满足重庆新华铁路油料物资实业有限公司向上游中航油集团下属四川海洋石油销售有限公司预付货款采购成品油。还款来源为将所购成品油销售给中石油、中石化公司后收到的货款收入。

授信期限：授信期限 12 个月，为循环使用期限。

还款来源及还款计划：根据授信方案，还款来源为下游企业支付的货款，此笔授信风险控制在于过程管理。

（二）控制货权凭证

1. 掌握货源信息

四川海洋石油公司油品贸易流程如下。

（1）海洋公司月初获得当月油品额度计划后，通知重庆新华铁路油料物资实业有限公司付款。

（2）收到付款后，四川海洋石油有限公司组织发车、装运，油品装运后，四川海洋石油有限公司将车号计量单传真给重庆新华铁路油料物资实业有限公司，同时传真至银行，使银行了解货物发运的相关情况。车号计量单包括以下信息：车皮号、计量数、吨数、目的地、始发站、到站、油库名、收货人、发车时间、到站时间等。从四川海洋石油有限公司收到重庆新华铁路油料物资实业有限公司的货款至将装车发运出来时间约为 10 天。

（3）油品运输，油品在途运输时间约为 1 周至 10 天，视目的地远近，到中石油西南公司约 1 周，到中石化云南公司、贵州公司约 10 天。

（4）中石油、中石化收到货后进行检验计量，时间约为 1 天，确认数量无误后，以电话或传真形式要求重庆新华铁路油料物资实业有限公司出具增值税票。

（5）重庆新华铁路油料物资实业有限公司开具增值税票，同时给银行复印件备份，将增值税票以特快专递（次程达）的形式寄给中石油、中石化，约 3～4 天后收到中石油、中石化的付款。

重庆新华铁路油料物资实业有限公司从向四川海洋石油有限公司预付油料款到最终从中石油、中石化收回货款的周期约为 1 个月时间。

针对以上流程，银行随时了解针对重庆新华铁路油料物资实业有限公司某批次的商业承兑汇票付款、四川海洋石油有限公司组织货源的发货情况、油品到货及中石油及中石化付款的详细情况。关键：一是四川海洋石油有限公司在收到中石油西北公司的通知后，立即将货物发运的车号计量单传真给银行，履行告知义务，使银行能够及时了解掌握货物发运的相关细节情况；二是重庆新华铁路油料物资实业有限公司在收到铁路部门出具的铁路运输发票后，给银行一份复印件备案，发票上载明收货人、货品、数量等要素，以和四川海洋石油公司所发的车号计量单所载事项相印证；三是重庆新华铁路油料物资实业有限公司开具增值税票要求中石油、中石化付款的信息，公司开具增值税票当日将增值税票给银行复印备份，使银行掌握中石油、中石化的付款金额、大约收到货款时间的相关信息。

2. 控制销售回款

（1）重庆新华铁路油料物资实业有限公司在收到中石油、中石化货已收

妥的指示后开具增值税票，在开具增值税票的当日，将该增值税票的复印件给银行一份备份，同时，重庆新华铁路油料物资实业有限公司与银行签订应收账款质押协议，银行按要求在中国人民银行征信中心的应收账款质押登记公示系统内办理应收账款登记。

（2）为有效地控制销售回款环节，银行要求重庆新华铁路油料物资实业有限公司在银行开立监管账户，公司与中石油、中石化公司订立购销合同，需在合同中指定以在银行开立的监管账户为收款账户，未经银行同意不得更改，并在开立银行承兑汇票时提供上述与中石油、中石化所订购销合同。

（3）公司针对中石油、中石化的收款必须全部付至上述监管账户内。

（4）银行要求公司监管账户在收到中石油、中石化所付货款后，必须用于弥补对应批次银行承兑汇票的敞口。在填补保证金释放了授信敞口后，公司可以在授信额度内循环开立商业承兑汇票。通过严格控制销售回款，确保公司销售回款不能挪作他用。

（三）风险控制措施

1. 监控资金用途。由银行、借款人及供应方签订三方协议，约定由银行监控资金的使用，票款直接交至供应商，并由供应方保证贴现出来的款项用于向中航油购买油品，否则将归还款项。

2. 资金回款监控。与下家中石油中石化下属公司签订销售合同中注明回款账号为开立在银行的账户，三方协议中约定款项回笼即可用于补足商业承兑汇票敞口。

3. 银行开出的商业承竞汇票金额占该批货次的70%，借款人自筹30%，有利于分散风险。

4. 银行全程监控货品的走向，包括车皮号、计量数、吨数、目的地、始发站、到站、油库名、收货人、发车时间、到站时间等信息，铁路部门出具铁路运输发票，重庆新华铁路油料物资实业有限公司开具增值税票等。

5. 应收账款进行质押登记。第一时间将应收账款进行质押登记，按人民银行的应收账款质押管理办法操作执行有利于控制回款。

此次链式融资方案风险控制主要是从上游控制资金用途以及从下游控制销售回款两个重要环节，主要依靠过程管理来进行风险控制，关键是要对公司购销环节做到全封闭。

（四）银行收益分析

1. 开票手续费收入。银行承兑汇票有一定的承兑手续费收入。

2. 贴现利息收入。采取代理贴现方式，银行可以获得一定贴现利息收入。

3. 存款资金收入。办理银行承兑汇票有一定的保证金存款，同时，办理银行承兑汇票及商业承兑汇票贴现会有一定的存款沉淀。

表 11－6　重庆新华铁路油料物资实业有限公司供应链融资方案

<table>
<tr><td>供应授信资源描述</td><td>授信工具</td><td>银行承兑汇票、商业承兑汇票</td><td>期限</td><td>1 年</td><td>金额</td><td>4 000 万元</td></tr>
<tr><td>保证金比例</td><td>0</td><td>敞口</td><td>4 000 万元</td><td>担保方式</td><td colspan="2">商务履约</td></tr>
<tr><td>授信根据</td><td colspan="6">1＋N 供应链融资</td></tr>
<tr><td>核心企业</td><td colspan="6">中国石化下属××公司及中国石油下属××公司</td></tr>
<tr><td>承贷企业</td><td colspan="6">四川海洋石油有限公司、重庆新华铁路油料物资实业有限公司</td></tr>
<tr><td>银行收益</td><td colspan="6">贴现利息收入：平均贴现利率按照贷款利率约 6%，约可以获得 240 万元的贴现利息收入
存款收益：销售回款存款，银行平均存款在 0.8 亿元左右</td></tr>
<tr><td>融资合理性分析</td><td colspan="6">重庆新华铁路油料物资实业有限公司已经向中国石化下属××公司及中国石油下属××公司连续多年供货，年交易金额在 3 亿元左右，本次融资后，新增供货金额约 0.8 亿元，相对于该公司上一年度的供货金额，增长 26% 左右，增长金额合理，融资需要符合商务规律</td></tr>
<tr><td>风险描述</td><td colspan="6">整个供应链融资方案建立在中国石化下属××公司及中国石油下属××公司两公司实力较强，履约风险较小</td></tr>
<tr><td>法律文本</td><td colspan="6">银行、四川海洋石油有限公司、重庆新华铁路油料物资实业有限公司油料销售三方合作协议书已经法律部门审定</td></tr>
<tr><td>前期条件</td><td colspan="6">银行、重庆新华铁路油料物资实业有限公司、四川海洋石油有限公司签订三方合作协议，约定重庆新华铁路油料物资实业有限公司在银行开具专用账号，由银行监控资金使用，卖方仅限于四川海洋石油有限公司，重庆新华铁路油料物资实业有限公司销售油品须回款至专用账号，回款用于补足敞口；重庆新华铁路油料物资实业有限公司开具增值税发票后即办理应收账款质押，加强过程管理</td></tr>
</table>

（五）业务流程

银行融资业务流程如图 11－4 所示。

第一，四川海洋石油有限公司提供其与中国××石油集团签订的原油供应合同，提供其与重庆新华铁路油料物资实业有限公司签订的原油销售合同，

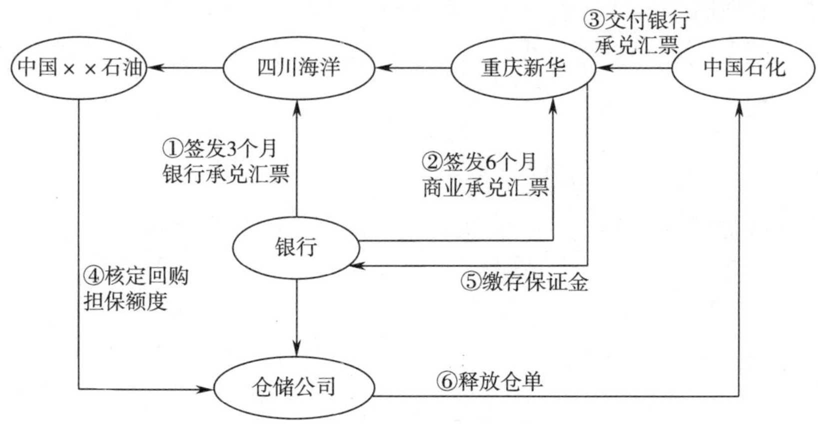

图 11－4　业务流程图

提供重庆新华铁路油料物资实业有限公司与中国××石化集团签订的原油销售合同，银行为四川海洋石油有限公司提供4 000万元银行承兑汇票，保证金比例20%，期限为3个月。

银行与四川海洋石油有限公司及重庆新华铁路油料物资实业有限公司签订银行、四川海洋石油有限公司、重庆新华铁路油料物资实业有限公司油料销售三方合作协议书。

第二，银行为四川海洋石油有限公司办理买方付息银行承兑汇票代理贴现，贴现后款项全部支付给中国××石油集团。中国××石油集团将油料发出，银行手持铁路大票，风险得以缓释。

第三，重庆新华铁路油料物资实业有限公司签发以四川海洋石油有限公司为收款人的商业承兑汇票，保证金比例为30%，金额为4 000万元，期限为6个月。采取代理贴现方式，买方付息贴现后款项划至四川海洋石油有限公司。银行扣除4 000万元用于填满银行承兑汇票敞口。

第四，银行将铁路大票交付中国××石化集团，1个月后，油料发运至中国××石化集团，中国××石化集团付款，兑付重庆新华铁路油料物资实业有限公司签发商业承兑汇票。

（六）使用产品

1. 银行承兑汇票。使用银行承兑汇票完成货款的支付，可以有效降低采购的支付成本。银行可以借助银行承兑汇票关联营销整个产业链。

2. 商业承兑汇票。通过签发商业承兑汇票，帮助买方完成货款的支付，

银行通过贴现商业承兑汇票，可以获取相对较高的贴现利息收入。

3. 代理贴现。银行通过代理贴现，可以有效控制票据贴现后款项划拨给确定的收款人，从而防止客户挪用资金风险。

（七）相关链接

1. 铁道部下属18个铁路局名单

18个铁路局名单是：哈尔滨铁路局、沈阳铁路局、北京铁路局、太原铁路局、呼和浩特铁路局、郑州铁路局、武汉铁路局、西安铁路局、济南铁路局、上海铁路局、南京××铁路局、广州铁路（集团）公司、南宁铁路局、重庆新华铁路局、昆明铁路局、重庆铁路局、乌鲁木齐铁路局、青藏铁路公司。

2. 铁道部的下属企业

铁道部的直接下属企业包括

中铁集装箱运输有限责任公司（北京市宣武区鸭子桥路24号中铁商务大厦）、中铁特货运输有限责任公司（北京市宣武区鸭子桥路24号中铁商务大厦）、中铁快运股份有限责任公司（北京市宣武区鸭子桥路24号中铁商务大厦）、中国铁路建设投资公司（北京市西站地区南蜂窝路9－1号）、中国铁道科学研究院（北京市海淀区大柳树路2号）。

第十二篇　航空公司授信方案篇

国内机票销售主要有三种形式：中航信的分销代理渠道；携程、艺龙等线上直供代理商；航空公司直销。其中，第一种分销渠道占到出票量的60%～70%。国内机票销售代理商属于资金量较大的客户，资金周转速度较快，需要大量垫付资金。

产业链如图12－1所示。

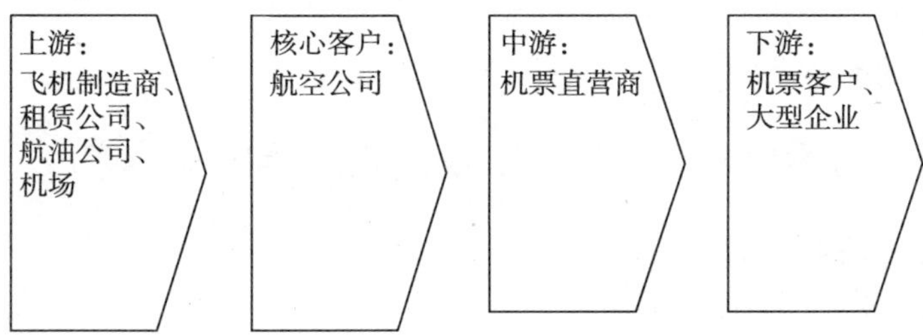

图12－1　产业链全景图

一、飞机制造商

飞机制造商包括美国波音公司、欧洲空中客车公司、加拿大庞巴迪公司、巴西航空工业公司、中国商用飞机有限公司。

二、各大航空公司

中国各大航空公司：中国国际航空公司、南方航空（集团）公司、东方航空集团公司、中国西南航空公司、四川航空公司、厦门航空有限公司、海南航空股份有限公司、中国联合航空有限公司、澳门航空公司、深圳航空有限责任公司。

三、飞机票代理商

北京外企航空服务公司、北京保盛航空服务有限公司、北京凯华航服有限公司、北京华夏航空服务有限公司、安徽东科航空服务代理有限公司、成都远东航空代理有限责任公司、重庆万安航空公司、北京华夏鑫腾航空服务有限公司、山东世纪航空拓展有限公司、苏州通捷航空票务代理有限公司、杭州易捷达航空服务有限公司、北京世纪金港航空服务有限公司、重庆拓冠航空机票代理有限公司、北京远洋航空服务有限公司、重庆龙夏航空服务公

司、北京保盛航空服务有限公司、北京寰宇风情航空服务有限公司、中国国际航空票务中心、北京梦雨航空机票代理有限公司、北京阳光航空服务有限公司、北京华夏鑫腾航空有限公司、重庆云海航空票务公司、北京仟九州航空服务有限责任公司、青岛平安航空售票服务公司、重庆市联丰航空服务有限公司、北京华夏速捷航空有限公司、上海华欣商务服务有限公司、上海泽杨航空服务有限公司。

很多银行没有重视飞机票专业销售公司，这类机构的资金周转量极大，现金流较好，非常适合提供保理融资。银行提供的具体授信工具可以考虑法人账户透支业务，为了防止企业挪用资金，法人账户透支业务可以仅指定某个确定账户，该账户不出售支票和汇票，只能开通网上银行，网上银行汇款只开通指定的航空公司，不可以采取输入的方式。

【案例1】　江南航空股份有限公司融资方案

一、企业基本情况

江南航空股份有限公司经当地人民政府、中国民航总局正式批准成立，公司注册资金 3.5 亿元。公司前身为江南航空公司，是以经营航空客、货、邮运输业务为主，兼营航材、航空食品、房地产、文化广告、通信等多种业务的航空运输企业。

南方航空股份有限公司是江南航空的第二大股东，是中国三大航空集团规模较大、实力最强的航空集团。江南航空在加盟南航集团后，使江南航空、南方航空、上海航空、山东航空形成了航线联营、航线共飞、代码共享、票价控制、常旅客计划、销售代理的运输销售网络，在经营观念、企业文化、人才培训、管理手段等方面进行交流和合作，实现各方战略利益的互相统一。江南航空从各股东方引入了高层管理人员，充分吸收和借鉴各方先进经验，积极转变市场和营销观念，有效拓展了市场。

江南航空股份有限公司供应渠道和销售渠道分析见表 12－1。

表 12－1　江南航空股份有限公司供应渠道和销售渠道分析

供应渠道分析			
序号	前三名供应商（按金额大小排名）	金额（亿元）	占全部采购比率
1	（飞机）欧洲空中客车工业公司	15.3	100%
2	（航材）AIRBUS、EMBRAER、IAE	约 5	占航材供应总量的 95%

续表

序号	前三名供应商（按金额大小排名）	金额（亿元）	占全部采购比率
3	（航油）中国航空油料总公司	约3.4	占航油供应总量的90%
供应商总体评价（从供货质量价格、供货稳定性、付款条件等方面对供应商进行描述） 公司除以前引进了5架巴西的EMB145飞机外，其他飞机均是欧洲空中客车工业公司出产的A319—A321系列产品，空客是世界最大的飞机制造商，其A320/321飞机技术性能具有世界领先水平，公司购机是通过中国航空器材进出口公司与空客公司签订购买协议。在经营租赁方面，公司主要与美国PEGASUS公司、爱尔兰CRYFIELD公司等实力较强的出租方合作。发动机及其他高价周转件等航材也均由具有世界知名制造商供应，产品质量稳定可靠，付款条件为TT预付及信用证方式付款。中航油供货稳定，产品质量高，双方采用交货后付款的方式结算。			
销售渠道分析			
序号	前三名销售商（按金额大小排名）	金额（万元）	占全部销售比率（%）
1	BSP航空销售代理人	64 000	40
2	江南航空成都营业部	16 000	10
3	江南航空重庆营业部	16 000	10
从销售渠道来看，公司采用了多种模式，一种是在公司设立于各地的营业厅直接售票，公司在成都设立了三个营业售票厅，并在九寨沟、攀枝花、重庆、上海、北京、深圳、广州、昆明、贵阳、南宁、西安、济南、温州、海口等城市设立了营业部。 公司通过大量的BSP航空销售代理人进行机票销售，代理模式仍是公司主要的客票销售方式，公司代理分销渠道广泛，公司给予代理人3%的代理销售返点比例，通过BSP账户每日结算。在货运方面，货运部设在成都双流国际机场北头基地，货运市内营业室设在成都火车南站中成市场内。			

二、银行授信方案

产业链标准流程如图12－2所示。

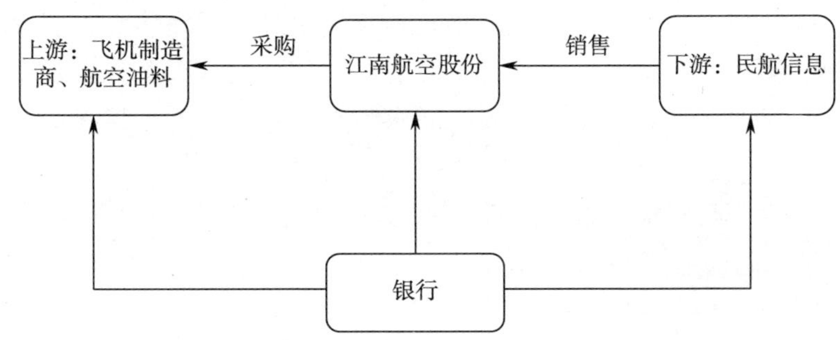

图12－2　产业链标准流程

银行授信方案见表12－2。

表 12－2　授信方案

额度类型	公开授信额度		授信方式	综合授信额度		
授信额度（万元）	25 000.00		授信期限（月）	12		
授信品种	币种	金额（万元）	保证金比例（%）	期限（月）	利/费率（%）	是否循环
①商业承兑汇票贴现（直贴）	人民币	5 000.00	0.00	12	按规定	是
②银行承兑汇票	人民币	20 000.00	5.00	12	按规定	是
贷款性质	新增	本次授信敞口（万元）		24 000.00	授信总敞口（万元）	24 000.00
担保方式及内容	信用					

公司的需求如下。

1. 银行承兑汇票

近几年，随着公司机队的扩大及运力的增长，公司除了支付中国民用航空总局的机场建设费及民航建设基金外，油料款、机场起降费、飞行员培训费等支出也有较大幅度增长，但南部审批中心限定公司开具的银行承兑汇票票面收款人仅限于中国民用航空总局，对公司的额度使用造成了较大的限制。

从公司的实际需求来看，除了现在对中国民用航空总局支付机场建设费及民航建设基金外，还需向民航总局支付航路指挥费。除了对民航总局的付款需求外，公司的支付需求主要分为以下几大类：一是公司对华南蓝天油料公司、成都油料公司、重庆油料公司、上海浦东油料公司等油料公司均有支付油料款的需求；二是对成都双流机场、重庆机场、浦东机场等机场支付机场使用费的需求；三是对民航飞行学院支付飞行员培训费的需求；四是向中航信支付电脑电传费。公司以上支付需求均系公司合理支出的项目，贸易背景真实。

结合公司实行需求，给予公司 2 亿元的银行承兑汇票额度，授信敞口 1.9 亿元，期限 1 年，主要用于公司向油料公司支付油料款、向机场支付起降费、向飞行学院支付培训费用、向中航信支付电报电传使用费。

2. 商业承兑汇票贴现

此次公司申请新增 5 000 万元商业承兑汇票贴现额度，用于向江南航空集团公司支付维修费用。

为了减少航材、发动机集中维修对当年利润造成过大的影响，江南航空股份的所有航材周转件、发动机维修均通过江南航空集团公司来代理。根据双方的协议，江南航空股份公司每年年初制订当年全年的航材周转件、发动机的送修计划，双方核定维修费率，江南航空股份全年应支付的维修费分三年、按月支付给江南航空集团。因此，江南航空股份向银行申请商业承兑汇票贴现额度5 000万元，用于向江南航空集团支付维修费。

从江南航空股份公司自身的情况来看，公司财务状况总体良好，体现出良好的发展势头，公司现金流量大，短期偿付能力强，适合使用票据业务来满足其短期融资需求。从公司的经营来看，公司主营业务收入达到了43.8亿元，较上年增长了31.5%，在航油价格多次上调、航空公司普遍亏损的情况下，公司保持了连续多年的盈利，体现出良好的成本控制及盈利能力。公司主营业务收入增长迅速，客货邮各项业务均有较大幅度增长，已实现主营业务收入20.78亿元，利润为602万元，因此，此次申请扩大公司的授信额度，在原来1.9亿元银行承兑汇票授信敞口的基础上，增加5 000万元商业承兑汇票贴现额度，用于向江南航空集团支付维修费用。

【点评】

本案例对航空公司提供的授信为组合授信，分别提供了银行承兑汇票和商业承兑汇票，银行承兑汇票用于支付民航机场建设基金等，商业承兑汇票用于支付航材费用等。企业没有采取贷款的方式，而是选择使用票据，最大的原因在于企业希望降低融资财务费用。所以，这种使用票据替代贷款的支付方式仅在贴现利率低于贷款利率的时候适用。

【案例2】　成竟航空有限公司飞机购置贷款融资方案

一、企业基本情况

成竟航空有限公司注册资金为3亿元人民币，海航集团占股95%。该公司作为全国首家涉足公务机运营的航空公司，自成立以来的近10年时间，已经发展成为全国乃至亚洲最大的公务机航空公司，占据我国公务机运营市场

份额的90%，在我国公务机市场处于垄断地位，并且还有进一步扩充业务的需求。该公司飞行运作范围不断扩展延伸，飞行航线已由国内发展到亚洲周边、俄罗斯的远东以及欧洲部分地区，飞行城市有中国香港、日本东京、韩国首尔、新加坡、朝鲜平壤、柬埔寨金边、印度新里、巴基斯坦伊斯兰堡、俄罗斯莫斯科、意大利米兰等。客户也已从最早的国际跨国公司发展到国内民营企业、演艺公司、金融投资机构、跨国公司多类并存的客源结构。在运营过程中，该公司以优质的服务和安全的飞行记录赢得了国内外客户的广泛赞誉，深受国内外公务机客户的欢迎，并取得了良好的社会和经济效益。

自该公司成立以来，经营收入稳步上升，经营效益良好。该公司资产规模达10.25亿元。

该公司运营14架飞机，包括4架美国雷神飞机公司设计制造的Hawker800XP喷气式公务飞机、3架湾流豪华喷气式公务机经营公务机业务，5架空客319飞机经营旅游包机业务，同时为道远集团和旺旺集团执管2架公务机。

因业务发展需要，该公司拟新购2架飞机，具体情况如下。

1. 美国湾流飞机公司生产的湾流Ⅳ—SP飞机

该飞机价格为3 380万美元，为飞机净价，需再缴纳21.8%的关税及增值税，合计4 117万美元，约合人民币30 465万元。

该架飞机已飞行时间为3 000小时。该架飞机原所有人为美国KB HOME公司，因该飞机属公司自用，因此飞行时间较短。湾流Ⅳ—SP飞机不再生产，当年新机型报价为3 500万美元，此后，湾流公司生产的飞机为改版后的G400型飞机，且价格一直不断攀升。据了解，飞机在飞行过程中需不断对发动机等设备维护更新，总飞行寿命可保持在30 000小时以上，其保值率很高。此次引进的湾流Ⅳ—SP飞机价格接近新机型价格，且飞行时间较短，因此该公司视同新飞机引进。

2. 豪客900飞机

该飞机价格为1 781万美元，加税费后合计2 170万美元，约合人民币16 058万元。

产业链标准流程如图12－3所示。

二、银行授信方案

银行授信方案见表12－3。

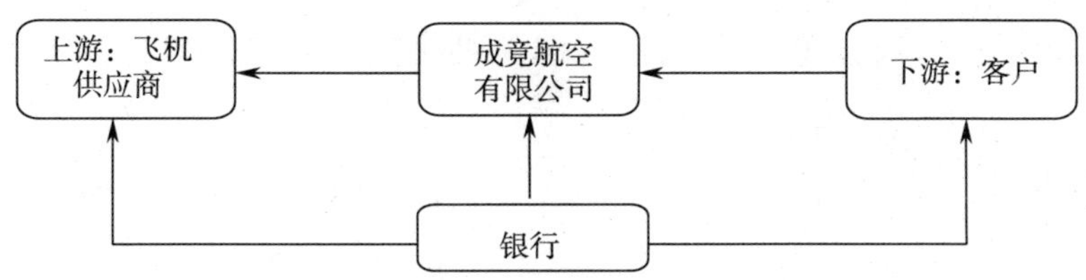

图 12－3 产业链标准流程

表 12－3 授信方案

<table>
<tr><td colspan="2">额度类型</td><td colspan="2">内部授信额度</td><td colspan="2">授信方式</td><td colspan="2">单笔单批额度</td></tr>
<tr><td colspan="2">授信额度（万元）</td><td colspan="2">40 000.00</td><td colspan="2">期限（月）</td><td colspan="2">144</td></tr>
<tr><td>授信品种</td><td>币种</td><td>金额（万元）</td><td>保证金比例（%）</td><td>期限（月）</td><td>利/费率（%）</td><td>是否循环</td><td>串用说明</td></tr>
<tr><td>基本建设项目的固定资产贷款</td><td>人民币</td><td>40 000.00</td><td>0.00</td><td>144</td><td>按银行相关规定执行</td><td></td><td></td></tr>
<tr><td>贷款性质</td><td>新增</td><td colspan="2">本次授信敞口（万元）</td><td>40 000.00</td><td>授信总敞口（万元）</td><td colspan="2">42 500.00</td></tr>
<tr><td>担保方式及内容</td><td colspan="7">由申请人购买的豪客 900 飞机和湾流Ⅳ—SP 飞机各一架抵押，抵押率不高于 86%；该项贷款由海航集团有限公司提供阶段性连带责任保证担保，担保责任至两架飞机完成抵押手续且按购买价格（不含进口相关税款）及飞行小时折旧后的净值计算的抵押率低于 90% 后终止</td></tr>
<tr><td>授信前需落实条件</td><td colspan="7">1. 授信启用前须提供申请人有权机构出具的、与授信内容一致的相关材料，确保银行债权的合法有效。
2. 此笔授信用途仅限于申请人购买豪客 900 型公务机和湾流Ⅳ—SP 型公务机各一架，按汇率，该部分款项占购机总款项（含进口税款）金额的约 86%。
3. 银行贷款用于购汇对外支付时，申请人自筹资金部分应到达银行账户，并先行使用。
4. 如因人民币汇率升水导致的上述额度未用部分，申请人不得使用；如已提款，对外支付后剩余部分应立即归还银行。
5. 要求申请人出具承诺函，承诺在境外接机前，明确将银行作为申请人所购飞机保险的第一受益人，并在所购飞机交付后立即办妥抵押手续。
6. 上述贷款于 2009 年第三季度开始按季度等额偿还本金。
7. 申请人将基本户移至银行，并要求其办理不低于 50% 的结算业务。
8. 要求经办单位关注申请人所购飞机引进交付情况，及时办妥抵押、保险手续。
9. 要求在放款前出具飞机价格的初评报告以及行业专家对项目的评估意见，待分行评审会审议后方可提款。
10. 鉴于此笔贷款的期限较长，操作模式不确定因素较多，要求经办单位加强贷后管理及过程监控，切实防范银行授信的风险。
11. 由海航集团提供全程连带责任保证担保</td></tr>
</table>

【案例3】 飞机票代理商供应链融资授信方案

一、企业基本情况

广州市腾邦国际票务股份有限公司注册资金3 000万元，总部设在中国广州，已在北美、香港、上海、广州等地区设立分支机构，业务网络覆盖全球。作为中国个性化出行服务领域的开创者与引领者，腾邦国际成功整合了现代高科技产业与传统商旅行业，以消费需求为市场细分导向，在腾邦国际主品牌下针对个人高端尊贵出行，公司BSP中性机票销售量在全国排名第二，华南地区排名第一，处于行业优势地位。

二、银行授信方案

产业链标准流程如图12－4所示。

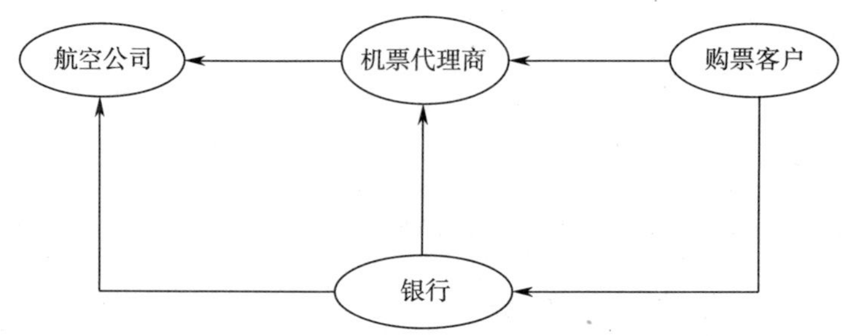

图12－4 产业链标准流程

国内机票销售主要有三种形式：中航信的分销代理渠道；携程、艺龙等线上直供代理商；航空公司直销。其中，第一种分销渠道占到出票量的60%～70%。

在机票分销的产业链中，最上游的是航空公司，接下来是一级代理商，“一代”之后是“二代”，再往下则是大量终端票台，乘客位于产业链的最下游。其中，“一代”与航空公司之间的单笔交易额相对来说比较大。

当机票的“一代”在网上下单后，银行先对其授信借款，将机票款垫付给航空公司，等“一代”将资金回笼后再还给银行。参与这项合作的航空公司有19家。

银行为机票代理商提供三天左右的短期垫资，这笔资金一年可周转120次；初期的投入资金约为1亿元，撬动的交易量则达到三四百亿元。通过加快资金的周转速度，银行本身也从巨大的机票交易额中分得一杯羹。银行授

信方案见表12－4。

表12－4　授信方案

额度类型		内部授信额度		授信方式	单笔单批额度
授信额度（万元）		40 000		期限（月）	12
授信品种	币种	金额（万元）	保证金比例（%）	期限（月）	
法人账户透支业务	人民币	40 000	0.00	12	用于定向向航空公司支付票款，要求企业仅能使用网上银行支付，不出售支票及汇票等，网上银行仅保留确定的收款人信息、指定的航空公司

【点评】

本案例非常精彩，银行为机票代理商核定法人账户透支额度，定向用于采购飞机票支付，法人账户透支业务最大优势在于可以实现信贷快速出账，自动还款，非常适合机票代理商的经营资金特点。

附录　银行可以重点营销的目标客户名单

中国高资质高速公路施工企业客户：

安徽建工集团有限公司、安徽开源路桥有限责任公司、安徽省巢湖市路桥工程有限公司、安徽省公路桥梁工程公司、安徽省交通建设有限责任公司、安徽省路港工程有限责任公司、安徽省路桥工程集团有限责任公司、安徽省宿州市路桥工程公司、安通建设有限公司、安阳市恒达公路发展有限责任公司。

北京诚达交通科技有限公司、北京城建道桥工程有限公司、北京城建集团有限责任公司、北京城建三建设集团有限公司、北京城建一建设工程有限公司、北京城乡欣瑞建设有限公司、北京公科达交通工程发展有限公司、中交一公局海威工程建设有限公司、北京华纬交通工程公司、北京路安交通科技发展有限公司、北京瑞华赢科技发展有限公司、北京市公路桥梁建设公司、北京市海龙公路工程公司、北京市市政二建设工程有限责任公司、北京市市政工程管理处、北京市市政一建设工程有限责任公司、中咨泰克交通工程有限公司、北京云星宇交通工程有限公司、北京市政建设集团有限责任公司、北京鑫畅路桥建设有限公司、北京鑫实路桥建设有限公司、北京鑫旺路桥建设有限公司。

鞍山公路工程有限公司、鞍山市市政工程有限公司、吉林省华一公路建设集团有限责任公司、包头市公路工程股份有限公司、保定申成路桥有限责任公司、中星路桥工程有限公司、沧州路桥工程公司、长春路桥建设集团有限公司、长春市政建设（集团）有限公司、长庆石油勘探局筑路工程总公司、长沙市公路桥梁建设有限责任公司、江苏常鑫路桥工程有限公司、朝阳安信公路工程有限公司、朝阳建设集团有限公司、成都华川公路建设（集团）有限公司、成都市路桥工程股份有限公司、承德路桥建设总公司、大成工程股份有限公司、大连公路工程集团有限公司、大连市政工程总公司、大连四方公路工程有限公司、大庆建筑安装集团有限责任公司、大庆油田路桥工程有限责任公司、辽宁丹东公路工程局、道隧集团工程有限公司、德州市公路工程总公司、东北军辉路桥集团有限公司、华煤建设有限责任公司、东盟营造

工程有限公司、东营市鲁东路桥有限责任公司、鄂尔多斯市东方路桥集团股份公司、内蒙古天骄公路工程有限责任公司、中交二公局第四工程有限公司、福建建工集团总公司、福建路桥建设有限公司、福建省第二公路工程有限公司、福建省第一公路工程公司、福建省闽西交通工程有限公司、福建省隧道工程有限公司、抚顺公路建设集团公司、抚顺市政建设（集团）有限公司、抚州远大路桥工程有限公司、甘肃恒达路桥工程集团有限公司、甘肃宏伟建设集团有限公司、甘肃路桥第三公路工程有限责任公司、甘肃路桥建设集团有限公司、甘肃省机械化工程公司、甘肃顺达路桥建设有限公司、甘肃天地路桥工程有限公司、甘肃万泰建设工程有限公司、甘肃五环公路工程有限公司、甘肃圆陇路桥机械化公路工程有限责任公司、西部中大建设集团有限公司、广东宝丽华建设工程公司、广东长宏公路工程有限公司、广东飞达交通工程有限公司、广东冠粤路桥有限公司、广东恒大路桥建设有限公司、广东惠州公路建设总公司、广东晶通公路工程建设集团有限公司、广东省长大公路工程有限公司、广东省佛山公路工程有限公司、广东省航盛建设集团有限公司、广东省基础工程公司、广东省建筑工程机械施工有限公司、广东省湛江公路工程大队、广东水电二局股份有限公司、广东中人集团建设有限公司、广东筑波路桥工程有限公司、广西路桥建设有限公司、广西壮族自治区公路桥梁工程总公司、广西壮族自治区航务工程处、广州市番禺区桥梁开发建设集团公司、广州市公路工程公司、广州市市政集团有限公司、贵州省公路工程集团总公司、贵州省公路桥梁工程集团总公司、贵州省桥梁工程总公司、国华国际工程承包公司、黑龙江省华龙建设有限公司、哈尔滨交研交通工程有限责任公司、哈尔滨市公路工程处、海南公路工程公司、海南省公路建设第三工程公司、邯郸建工集团有限公司、邯郸市光太公路工程有限公司、杭州市交通工程集团有限公司、石家庄市公路桥梁工程有限责任公司、河北北方公路工程建设集团有限公司、河北路桥集团有限公司、河北广通路桥工程有限公司、河北华通路桥建设有限公司、河北冀通路桥建设有限公司、河北建设集团有限公司、河南高速发展路桥工程有限公司、河南路桥建设集团有限公司、河南省大河筑路有限公司、河南省公路工程局集团有限公司、河南省中原路桥建设（集团）有限公司、河南省平顶山中亚路桥建设工程有限公司、河南省濮阳市华通路桥建设集团有限公司、河南省中原水利水电工程集团有限公司、河南万达路桥集团有限公司、河南盈科交通工程有限公司、核

工业长沙中南建设工程集团公司、核工业桂林基础工程公司、核工业华东建设工程集团公司、核工业华南建设工程集团公司、核工业井巷建设公司、核工业西北工程建设总公司、核工业西南建设集团有限公司、黑龙江北方有色建设有限责任公司、黑龙江北琴海路桥工程集团有限公司、黑龙江嘉昌路桥建筑有限责任公司、黑龙江农垦建工路桥有限公司、龙建路桥股份有限公司、黑龙江省广通公路工程有限公司、黑龙江中林路桥建设有限责任公司、衡水路桥工程有限公司、衡阳公路桥梁建设有限公司、湖北长江路桥股份有限公司、湖北省路桥集团有限公司、湖北天浩公路工程有限公司、湖北兴达路桥股份有限公司、湖北中南路桥有限责任公司、湖南常德路桥建设有限公司、湖南对外建设有限公司、湖南环达公路桥梁建设总公司、湖南省建筑工程集团总公司、湖南交通国际经济工程合作公司、湖南军信公路桥梁建设有限公司、湖南娄底路桥建设有限责任公司、湖南路桥建设集团公司、湖南省郴州公路桥梁建设有限责任公司、湖南省第六工程有限公司、湖南省公路机械工程有限公司、湖南省怀化公路桥梁建设总公司、湖南省永州公路桥梁建设有限公司、湖南省益阳公路桥梁建设有限责任公司、湖南省株洲公路桥梁建设有限公司、湖南天弘交通建设工程有限公司、湖南湘潭公路桥梁建设有限责任公司、葫芦岛市长顺公路工程有限公司、黄冈市楚通路桥工程建设有限公司、吉林高速公路发展股份有限公司、吉林省长城路桥建工有限责任公司、吉林省亨通公路建设集团有限责任公司、吉林省嘉鹏公路建设有限责任公司、吉林省江城路桥工程有限公司、吉林省交通建设集团有限公司、吉林省中盛路桥工程有限公司、济南金曰公路工程有限公司、济宁鲁南公路工程公司、济宁市公路工程公司、江苏海通建设工程有限公司、江苏恒基路桥有限公司、江苏江南路桥工程有限公司、江苏交通建设（集团）有限公司、江苏捷达交通工程集团有限公司、江苏润扬交通工程集团有限公司、江苏三凯路桥工程有限公司、江苏省交通工程集团有限公司、江苏苏辰公路工程有限公司、中城建第二工程局有限公司、江苏省镇江市路桥工程总公司、江苏太平洋工程集团有限公司、江苏智运科技发展有限公司、江西方兴科技有限公司、江西赣北公路工程有限公司、江西赣粤高速公路工程有限责任公司、江西交建工程集团有限公司、江西井冈路桥（集团）有限公司、江西通威公路建设集团有限公司、江西省公路机械工程局、江西省公路桥梁工程局、江西省建工集团公司、江西省交通工程集团公司、江西省路桥工程集团有限公司、江西省

现代路桥工程总公司、江西省宜春公路桥梁工程有限责任公司、江西有色工程有限公司、江西中煤建设工程有限公司、锦州道桥工程有限责任公司、开封市通达公路工程有限公司、科达集团股份有限公司、兰州市政工程总公司、廊坊市交通公路工程有限公司、溧阳市路桥工程有限责任公司、路桥华祥国际工程有限公司、辽河石油勘探局筑路工程公司、辽宁公路电子工程有限公司、辽宁省路桥建设二公司、辽宁省路桥建设一公司、辽宁省路桥建设有限公司、辽宁五洲公路工程有限责任公司、聊城市公路工程总公司、路港集团有限公司、中交二公局第三工程有限公司、路桥华东工程有限公司、路桥华南工程有限公司、中交第二公路工程局有限公司、中交二公局第六工程有限公司、中交二公局第一工程有限公司、中交第一公路工程局有限公司、中交一公局第三工程有限公司、中交一公局第五工程有限公司、中交一公局第一工程有限公司、中交一公局第六工程有限公司、中交一公局厦门工程有限公司、路桥集团国际建设股份有限公司、中交第三公路工程局有限公司、洛阳路桥建设总公司、茂名市公路建设有限公司、内蒙古联手路桥有限责任公司、内蒙古自治区公路工程局、中铁二十四局集团南昌铁路工程有限公司、南京东部路桥工程总公司、南京交通工程有限公司、南京市路桥工程联合总公司、南通路桥工程有限公司、宁波交通工程建设集团有限公司、宁夏华侨园集团公路工程有限公司、宁夏路桥工程股份有限公司、攀枝花公路建设有限公司、攀枝花公路桥梁工程有限公司、濮阳市通达公路工程有限公司、秦皇岛路桥建设开发有限公司、青岛城建集团有限公司、青岛公路建设集团有限公司、青岛海防筑港工程北海总队、青岛路桥建设集团有限公司、青岛市华鲁公路工程有限公司、青海路桥建设股份有限公司、清华紫光股份有限公司、邛崃市公路桥梁工程有限公司、浙江省衢州市交通建设集团有限公司、山东东方路桥建设总公司、山东通达路桥工程有限公司、山东宏昌路桥工程有限公司、山东黄河工程集团有限公司、山东鲁桥建设有限公司、山东鲁中公路建设有限公司、山东琴通路桥集团有限公司、山东省滨州公路工程总公司、山东省公路建设（集团）有限公司、永昌路桥集团有限公司、山东省路桥集团有限公司、山东省昆仑路桥工程有限公司、山东省路通工程集团有限公司、山东泰山路桥工程公司、山东天诚市政公路工程公司、山东沂蒙交通工程有限公司、山东中宏路桥建设有限公司、华通路桥集团有限公司、山西晋城路桥建设有限公司、山西路桥第二工程有限公司、山西路桥第一工程有限责任公司、

山西路桥建设集团有限公司、山西吕梁路桥有限公司、山西平阳路桥有限公司、山西省机械施工公司、山西省晋中路桥建设集团有限公司、山西运城路桥有限责任公司、山西四和交通工程有限责任公司、山西太行路桥有限公司、太原路桥建设有限公司、山西欣奥特自动化工程有限公司、山西远方路桥（集团）有限责任公司、山西中北路桥建设有限公司、陕西华通公路工程公司、陕西科润公路沿线设施工程有限公司、陕西路桥集团有限公司、陕西明泰工程建设有限责任公司、陕西省道路工程建设有限责任公司、陕西省机械施工公司、中国水电建设集团十五工程局有限公司（秦海国际工程总公司）、陕西省通达公路建设集团有限责任公司、陕西省咸阳路桥工程公司、汕头公路桥梁工程总公司、汕头市达濠市政建设有限公司、上海城建（集团）公司、上海奉贤公路建设发展有限公司、上海耿耿市政工程有限责任公司、上海公路桥梁工程有限公司、上海建工（集团）总公司、上海建设机场道路工程有限公司、上海交技发展股份有限公司、上海经达实业发展有限公司、上海警通建设（集团）有限公司、上海浦东路桥建设股份有限公司、上海市第二市政工程有限公司、上海市第一市政工程有限公司、上海隧道工程股份有限公司、中铁二十四局集团有限公司、上海远东国际桥梁建设有限公司、邵阳公路桥梁建设有限责任公司、浙江天宇交通建设集团有限公司、深圳华泰企业公司、深圳市道路工程公司、深圳市交运工程有限公司、深圳市市政工程总公司、沈阳高等级公路建设总公司、沈阳市公路建设股份有限公司、沈阳市政集团有限公司、中铁九局集团有限公司、胜利油田胜利工程建设（集团）有限责任公司、十堰市双环公路建设有限公司、顺吉集团有限公司、朔州路桥建设有限责任公司、四川川交路桥有限责任公司、四川高路交通信息工程有限公司、四川路航建设工程有限责任公司、四川公路桥梁建设集团有限公司、四川华西集团有限公司、四川京川公路工程（集团）有限公司、四川路桥建设股份有限公司、四川攀峰路桥建设有限责任公司、四川武通路桥工程局、苏州交通工程集团有限公司、太原市市政工程总公司、中铁六局集团有限公司、江苏中瑞路桥建设有限公司、唐山公路建设总公司、唐山市路桥建设有限公司、唐山远大交通工程有限公司、腾达建设集团股份有限公司。

天津城建道桥工程有限公司、天津城建集团有限公司、天津大港油田集团路桥工程有限责任公司、天津第三市政公路工程有限公司、天津第一市政公路工程有限公司、天津路桥建设工程有限公司、天津市公路工程总公司、

天津市雍阳公路工程集团有限公司、天津五市政公路工程有限公司。

通辽市交通工程局、温州交通建设集团有限公司、无锡路桥集团有限公司、无锡市交通工程有限公司、武汉东交路桥工程有限公司、武汉公路桥梁建设集团有限公司、总后勤部武汉后方基地工程管理处、武汉市市政建设集团有限公司、西安金路交通工程科技发展有限责任公司、西安萌兴高等级公路工程股份有限公司、西安市政道桥建设有限公司、中铁电气化局集团西安铁路工程有限公司、西藏天路交通股份有限公司、西南交通建设工程总公司、湘西公路桥梁建设有限公司、中天路桥有限公司。

新疆北方机械化筑路工程处、新疆北新路桥建设股份有限公司、新疆道路桥梁工程总公司、新疆昆仑路港工程公司、新疆兴达公路工程部、新疆石油工程建设有限责任公司、上海市基础工程公司、邢台路桥建设总公司、徐州市公路工程总公司、许昌广莅公路工程建设有限责任公司、山东泰华路桥工程有限公司、盐城市路桥建设工程有限公司、阳江市公路局公路工程公司、宜昌市宏发路桥建设有限责任公司、宜兴市交通建设集团有限公司、亿阳信通股份有限公司、营口市公路工程总公司、岳阳市公路桥梁基建总公司、岳阳市通衢兴路公司、云南第二公路桥梁工程有限公司、云南第三公路桥梁工程有限责任公司、云南阳光道桥股份有限公司、云南第一公路桥梁工程有限公司、云南云桥建设股份有限公司、云南路桥股份有限公司、张家口路桥建设集团有限公司、浙江登峰交通集团有限公司、浙江鼎盛交通建设有限公司、浙江省大成建设集团有限公司、浙江利越路桥建设集团有限公司、浙江省宏途交通建设有限公司、浙江省交通工程建设集团第三交通工程有限公司、浙江省交通工程建设集团有限公司、浙江浙大中控信息技术有限公司、浙江正方交通建设有限公司、郑州市公路工程公司、中铁七局集团有限公司、中交第二航务工程局有限公司、中交第三航务工程局有限公司、中港第四航务工程局、中交第一航务工程局有限公司、中港四航局第一工程公司、中国地质工程集团公司、中国第十九冶金建设公司、中冶天工建设有限公司、中国第四冶金建设公司、中国对外建设总公司、中国港湾工程有限责任公司、中国葛洲坝集团股份有限公司、中国公路工程咨询集团有限公司、中国海外工程总公司、中国航空港建设第八工程总队、中国航空港建设第九工程总队、中国航空港建设第七工程总队、中国航空港建设第三工程总队、中国航空港建设第十工程总队、中国航空港建设总公司、中国核工业建设集团公司、中国核工业中原建设公司、中国建筑第六工程局有限公司、中国建筑第七工程局有限公司、中建三局建设工程股份有限公司、中国建筑股份有限公司、中国路桥工程有限责任公司、中国路桥集团西安实业发展有限公司、中国十五冶金建设有限公司、中国水利水电第八工程局有限公司、中国水利水电第七工程局、中国水利水电第十三工程局、中国水利水电第十一工程局、中国水利水电第五工程局、中国水利水电第一工程局、中国四海工程公司重庆有限公司、中国中铁股份有限公司、中国新兴建设开发总公司、中国云南路建集团股份公司、中冶交通工程技术有限公司、中国有色金属工业第六冶金建设公司、中建八局基础设施建设有限公司、中交路桥北方工程有限公司、中交一公局桥隧工程有限公司、中煤建设集团公司、中南市政建设集团股份有限公司、中铁八局集团有限公司、中铁大桥局股份有限公司、中铁十三局集团第三工程有限公司、中铁电气化局集团第三工程有限公司、中铁电气化局集团第一工程有限公司、中铁电气化局集团有限公司、中铁二局第四工程有限公司、中铁二局第五工程有限公司、中铁二局第一工程有限公司、中铁二局股份有限公司、中铁二局机械筑路工程有限公司、中铁二十局集团第二工程有限公司、中铁二十一局集团第三工程有限公司、中铁二十二局集团第四工程有限公司、中铁二十二局集团有限公司、中铁二十局集团第四工程有限公司、中铁二十局集团第一工程有限公司、中铁二十局集团有限公司、中铁七局集团第三工程有限公司、中铁二十三局集团第一工程有限公司、中铁二十三局集团有限公司、中铁十五局集团第一工程有限公司、中铁三局集团第二工程有限公司、中铁十局集团第二工程有限公司、中铁三局集团第五工程有限公司、中铁三局集团有限公司、中铁十八局集团第二工程有限公司、中铁十八局集团第三工程有限公司、中铁十八局集团第五工程有限公司、中铁十八局集团第一工程有限公司、中铁十八局集团有限公司、中铁十二局集团第二工程有限公司、中铁十二局集团第三工程有限公司、中铁十二局集团第四工程有限公司、中铁十二局集团第一工程有限公司、中铁十二局集团有限公司、中铁十九局集团第二工程有限公司、中铁十九局集团第三工程有限公司、中铁十九局集团第四工程有限公司、中铁十九局集团第五工程有限公司、中铁十九局集团第一工程有限公司、中铁十九局集团有限公司、中铁十局集团有限公司、中铁十六局集团有限公司、中铁十六局集团第一工程有限公司、中铁十六局集团第二工程有限公司、中铁十六局集团第三工程有限公司、中铁

十六局集团第四工程有限公司、中铁十六局集团第五工程有限公司、中铁十六局集团路桥工程有限公司、中铁十七局集团第二工程有限公司、中铁十七局集团第六工程有限公司、中铁十七局集团第三工程有限公司、中铁十七局集团第四工程有限公司、中铁十七局集团第五工程有限公司、中铁十七局集团第一工程有限公司、中铁十七局集团有限公司、中铁十三局集团第四工程有限公司、中铁十三局集团第五工程有限公司、中铁十三局集团第一工程有限公司、中铁十三局集团有限公司、中铁十四局集团第二工程有限公司、中铁十四局集团第三工程有限公司、中铁十四局集团第四工程有限公司、中铁十四局集团第五工程有限公司、中铁十四局集团有限公司、中铁十五局集团第二工程有限公司、中铁十五局集团第六工程有限公司、中铁十五局集团第七工程有限公司、中铁十五局集团第四工程有限公司、中铁十五局集团第五工程有限公司、中铁十五局集团电务工程有限公司、中铁十五局集团有限公司、中铁十一局集团第二工程有限公司、中铁十一局集团第三工程有限公司、中铁十一局集团第四工程有限公司、中铁十一局集团第五工程有限公司、中铁十一局集团第一工程有限公司、中铁十一局集团有限公司、中铁四局集团第四工程有限公司、中铁四局集团第五工程有限公司、中铁四局集团第一工程有限公司、中铁四局集团有限公司、中铁隧道集团二处有限公司、中铁隧道集团三处有限公司、中铁隧道集团有限公司、中铁五局（集团）有限公司、中铁五局集团第三工程有限责任公司、中铁五局集团第一工程有限责任公司、中铁五局集团机械化工程有限责任公司、中铁一局集团第二工程有限公司、中铁一局集团第四工程有限公司、中铁一局集团第五工程有限公司、中铁一局集团第一工程有限公司、中铁一局集团电务工程有限公司、中铁一局集团有限公司、中通建设股份有限公司、中原油田建设集团公司、重庆交通建设（集团）有限责任公司、重庆市涪陵路桥工程有限公司、重庆市公路工程（集团）股份有限公司、重庆市华驰交通科技有限公司、重庆渝达公路桥梁有限责任公司、重庆市渝通公路工程总公司、重庆市智翔铺道技术工程有限公司、重庆渝宏公路工程有限责任公司、重庆渝信路桥发展有限公司、周口市公路桥梁总公司、驻马店市公路工程开发公司、福建新大陆电脑股份有限公司、葛洲坝集团第五工程有限公司、江苏高速公路信息工程有限公司、江西省地质工程（集团）公司、辽宁金帝路桥建设有限公司、中交隧道工程局有限公司、山东格瑞特公路工程有限公司、浙江交工路桥建设有限公司、中交二航

局第二工程有限公司、中交第四公路工程局有限公司、中铁二局第二工程有限公司、中铁二十五局集团有限公司、中铁三局集团第六工程有限公司、中铁隧道股份有限公司、中铁五局集团第四工程有限责任公司、河北汇通路桥建设有限公司、吉林宏运公路工程股份有限公司、吉林省广信公路建设有限公司、吉林省亿丰路桥工程有限公司、盘锦市交通建设有限责任公司、中国交通建设集团有限公司、河北燕峰路桥建设有限公司、南京嘉盛建设集团有限公司、重庆渝航交通工程有限公司、中交一公局第二工程有限公司、中国水电建设集团路桥工程有限公司、河南中州路桥建设有限公司、湖南金沙路桥建设有限公司、吉林省弘盛交通建设开发有限公司、山东昆嵛路桥工程有限公司、山东省大通公路工程有限责任公司、天津第六市政公路工程有限公司、浙江八咏公路工程有限公司、浙江大地交通工程有限公司、中铁十三局集团第二工程有限公司、中咨华科（北京）交通建设技术有限公司、重庆市黄浦建设（集团）有限公司、通化公路工程有限公司、吉林省高等级公路工程有限责任公司、枣庄市道桥工程有限公司、青岛建工集团有限公司、青海省正平公路桥梁工程集团有限公司、呼和浩特市公路工程局有限责任公司、上海远通路桥工程有限公司、中铁二十局集团第六工程有限公司、中铁二十一局集团有限公司、河南中天高新智能科技开发有限责任公司、吉林省松江路桥建筑有限责任公司、中际联发交通建设有限公司、临沂市市政工程处、山东省公路桥梁建设有限公司、四川武通路桥工程局第三工程处、天津第二市政公路工程有限公司、邢台市政建设集团有限公司、中铁五局集团第二工程有限责任公司、中铁一局集团桥梁工程有限公司、重庆远海建工（集团）有限公司、江西路通科技有限公司、湖南省湘筑交通设施有限公司、陕西政合汉唐工程有限公司、重庆市实力公路开发有限公司、南京西部路桥工程有限公司、通化路桥建设有限公司、杭州市市政工程集团有限公司、江西际洲建设工程有限公司、阜阳市公路工程有限责任公司、山东鑫泰公路工程有限公司、广西长长路桥建设有限公司、云南建工路桥有限公司、中国建筑第五工程局有限公司。

立金银行培训中心名言

1. 这个世界有两件事我们不能不做：一是赶路，二是停下来看看自己是否拥有一份好心态。好心态是人们一生中的好伴侣，让人愉悦和健康。

2. 多去尊重、理解别人，常怀宽容和感激之心。宽容是一种美德，是一种智慧，海纳百川才有了海的广阔。感激我们的客户，是他们给了我们今天的幸福生活；感激我们的竞争对手，是他们让我们变得坚强。

3. 人情、人情，人之常情，客户经理要乐善好施，常与客户交往，“平时多烧香，急时有人帮”，所以，“人情要多储存，就像银行存款，存得越多，时间越长，红利就越大”。

4. 真正学会知足。人生最大的烦恼是从没有意义的比较开始，大千世界总有比我们强的人，不要和很多民营企业家比，不要动不动就心态失衡，“当我哭泣没鞋穿的时候，我发现有人却没脚”。

5. 成熟的人不问过去；聪明的人不问现在；豁达的人不问未来。客户经理的人生要豁达一些，纵情四海。

6. 一个人的价值，不体现在与别人相同的东西上，而体现在与别人不同的东西上。所以，优秀的客户经理必须有过人之处，要提升自己的谈吐水平，提高自己的业务能力。

7. 一口吃不成胖子，但胖子却是一口一口吃出来的。好的业绩靠我们经年累月的坚持。不要看不起小客户，只要你坚持，小客户会成就你的大未来。

8. 不要自视清高，天外有天，人上有人，淡泊明志，宁静致远。当你业绩不行时，自己一定要看重自己，给自己打气，我一定行；当你业绩惊人时，自己不要把自己当回事。一时的业绩说明不了什么，要能够与同事相处，不要恃才傲物。金钱是身外的，身体是自己的，做人是长久的。

9. 在商业银行，要做一个平和的人。人本是人，不必刻意去做人；世本是世，无须精心去处世。人生有三种境界：看山是山，看水是水——人之初；看山不是山，看水不是水——人到中年；看山还是山，看水还是水——回归自然。在茫茫的人世间，自己给自己一些平和。

10. 不要信口开河，要做个成熟稳重的客户经理。要学会倾听，倾听是一种智慧、一种修养、一种尊重、一种心灵的沟通，平静是一种心态、一种成熟。要多让我们的客户说，我们自己多听。在听的过程中，客户得到了尊重，我们多了些对客户的了解。

11. 银行客户经理就像一个战士始终在冲锋，但凡能喘一口气，暂时停歇，就应该学习新产品，为自己补充给养。人不能总是紧绷绷的，总有力尽、体力不支的一天。

12. 客户经理应当无限接近自己希望进入的行业，熟悉行业运作规律，主动参与到商务交易中，成为商务中的一员，帮助你的客户完成商务交易，客户得利，银行赚走流水钱，各得其所。局外人想参与游戏有两种结果，一是百思不得进入的方法，二是陷入巨大的风险旋涡中。

13. 执著地朝一个方向努力，切忌三天打渔两天晒网、没有目标，做事只有千方百计，而没有千难万难，要豪气冲天而不是垂头丧气。

14. 因利而制权，在申报授信项时，要进行充分的调查和了解，积极运用各种方法完善方案，并首先创造有利的外部条件，积极和信贷审批等机构沟通，创造项目的优势外围环境，然后才报项目，不报则已，一报必过。

15. 在企业资金运动过程中，捕捉存款，尽可能争取存款沉淀。动态争取存款观，在现金流量表中；静态争取存款观，在资产负债表中。其实，企业是趋利的，不可能让大把存款静止存在银行无所作为，资金要么进入商品领域逐利，要么进入资本市场领域逐利。

16. 每个客户经理都应当学习《孙子兵法》：凡战者，以正合，以奇胜。完善自我为正，奇正相生，正是基础，奇是发挥。故善战者，求之于事，不责于人。

17. 八分的事情，九分的态度，十分的努力。没有什么做不成，你要有一个胆大包天的梦想，你要相信奇迹、相信梦想必可成真。

18. 我们与企业是商业伙伴，银行为企业创造价值，帮助企业赚钱，企业给银行提供相应的回报，企业借了银行的钱，天经地义地该还钱。

19. 我要做个聪明的客户经理，我要求自己对客户诚信，要求对方对我也必须诚信。我对别人诚信，别人对我不诚信，我是傻蛋；别人对我诚信，我对别人不诚信，我是坏蛋。对别人我们既不做傻蛋也不做坏蛋。

20. 我自己讲诚信，一诺必千金，这样客户才会信任我，将资金交付给

我。我不能辜负客户，我是个负责任的商业伙伴。对客户我必须诚信，因为我是银行代表。我对信贷资金安全、对资本回报负责。我必须尽职尽责，不辜负银行对我的信任。

立金银行培训励志故事

都去抢着做客户经理

如果你现在在银行工作，恭喜你，你选择了一个正确的行业；如果你在银行从事客户经理信贷工作，恭喜你，你在一个正确的行业，选择了一个相当正确的职业。

在一个正确的时间，做一件正确的事情，实在难得。俗话说，男怕入错行，女怕嫁错郎。我要告诉广大银行人，人怕选择错岗位，在银行最应该选择的岗位是客户经理。无论走到哪家银行，我都给大家一个提示，做客户经理吧，真的，这是实现个人抱负的职业，这是一个可以让你终身不再受贫苦困扰的职业，这是一个不分出身、凭本事赚钱的职业。

人这一辈子，“做正确的事情”比“把事情做正确”重要得多。

拉存款是银行最公平的游戏了，它给了很多出身贫寒的银行人晋升梯子。在银行不要抱怨，如果你想很快脱颖而出，全靠业绩。

去年同学聚会令我感慨万千。大学刚毕业的时候，爱学习、成绩最好的进入各大银行总行；成绩较好的进入省分行；上大学就知道喝酒、抽烟的、成绩较差的进入支行当客户经理。多年过去了，随着时间积累，大家出现了明显分水岭。在总行、省分行的仍然很好，但是也挣不了大钱。上大学时成绩差、在支行干的，不少人已经是股份制银行的支行行长。现在银行的考核特别正确，向一线倾斜，向业绩绝对倾斜。

很简单，抓住这个时代的机会。这个时代相信实力，相信业绩，不相信出身，不相信什么文凭，“王侯将相，宁有种乎”。

这个时代，靠业绩说话。在商业银行，游戏规则特别简单、特别公平，有业绩就能有光明的前途。早十年，考核机制不合理，能拉存款也挣不着什么钱，也不会被提拔，大锅饭太厉害；再往后推十年，会怎么样，我不知道，抓住现在得了。不用想什么歪门邪道。你不需要有显赫的家族背景，你不需要告诉别人你毕业于某王牌高校，哪怕是哈佛大学。你出身于哪里、你是谁都不重要，关键是你能做什么。我认识的相当多的银行高管都是贫家子弟，

都在演绎丑小鸭变白天鹅的神话。

如果你有业绩，无数的银行会给你机会，哪家银行都不敢耽误你。

我到现在都庆幸，在大学毕业一年后，我坚决从国家机关辞职到了银行，这是我今生所做的最正确的事。人生的转变就是不到10个决策决定的，10个决策做对了7个你就会相当成功。在不同的阶段，每个人都会走到人生的十字路口，需要你选择。选择一条更艰辛的道路，可能意味着人生再上一个台阶，人生向上走的过程实际就如同举重运动员不断给自己加码。

中国各家银行给了客户经理最激动人心的考核，想想，反正都是一辈子在银行，反正都是工作30年，与其挣一份死工资，每月3 000元，每天时间牢牢地卡死在那里，还不如闯一把、搏一下。当时进入银行，我一刻都没有犹豫，在人事部征求意见的时候，我就选择去做客户经理。

直到今天，我都庆幸当初作了一个正确的决定，今天的房子和车子都是业绩给的。

直到今天，回首往事，我都很开心，客户经理的生活真的很开心，虽然其中也有一些小小的波澜苦涩，但我喜欢在江湖上纵横四海的感觉。

都抢着去做一个快乐的客户经理吧。

给大家介绍两个优秀银行客户经理的成长历程，这也是我的两个学员。

一个四川男孩的成长。我的培训生涯和这个客户经理有关。2002年，我开始培训之路是出于一个很偶然的原因。我还记得，一个四川的男孩，刚刚进入民生银行不久，家里很贫寒，但很执著，头脑也很灵活。我当时写了一篇如何拉存款的文章，写得很生动、很具体。他找到我，提的要求也很简单，就是希望教他如何拉来存款。我问他为什么不去做柜台经理，他回答很简单：想多赚钱，穷怕了。我非常喜欢这种能吃苦又肯动头脑的男孩。经过一年多的培训，小男孩很快上道。2007年过年的时候，他请我吃饭，高高兴兴地跟我说他买了两套房产，还买了车。他拉来的存款约有2亿元，年纪轻轻就是支行行长了。我真的喜欢银行这种游戏规则，“以存款论英雄”、“数字说话”。我自己也很吃惊，噢，原来培训出一个客户经理是这么有成就的事情。从此，我就做了培训讲师，很快乐地生活。更神奇的是，我在投资一套房产的时候，居然还是他帮我的忙，要了一套小户型。男孩已经成长为成功男人，有了强大经济基础真的很好，可以让人充满气质、充满自信。

一个女会计的成长。我接触了这样一个股份制银行的女孩，她毕业没几

年，很有闯劲，被分配在会计岗位，但是她很想尝试客户经理工作。她很有做客户经理的天赋，也想从事客户经理的工作，但又担心压力太大，自己承受不了。我劝告她先别离开会计岗位，边做内勤边尝试做信贷客户，留心本行没有计入外勤名下的中小客户，挑中那些有潜力的，记住电话，每天中午打电话，问是否有办理其他业务的机会。只要开了新户，存款就算自己的了，最好将日常结算户内的资金转成全额保证金的银行承兑汇票或保函等，这样，在做内勤的同时，她逐渐熟悉了银行信贷业务，有了一定的客户基础，很自然就转成了客户经理。

会计人员担任客户经理具备天然的优势。第一，对公会计担当客户经理，接触客户最多，而且接触客户财务人员，很清楚哪些客户业务频繁、资金量大，哪些客户有资金潜力，尤其是对经常将资金小批量划往同名异行账户的客户更需留神，这些客户肯定是在他行做低风险业务。很简单，重点盯住工程施工企业，营销全额保证金银行保函——投标保函、履约保函；盯住经销商，比如小家电、小机械设备、汽车经销商，营销全额保证金银行承兑汇票；盯住发廊、小餐馆等，营销 7 天通知存款。很简单，要求支行给自己印制 5 盒名片，挑中一些明显有一些资金潜力的客户，主动发名片，记住客户经办人的电话。第二，对私储蓄人员，接触有钱的自然人最多，盯住账户资金运动量较大、明显超出一般人的富裕人，有意识留心这些客户，营销 7 天通知存款等工具，肯定非常有效。

我喜欢做客户经理的另一原因在于，我们成天都在与成功人士打交道，会让你的眼界很宽，看得很长远，不再会为一些眼前小利所困。在做客户经理的时候，我接触过黄光裕、俞敏洪、冯仑，他们都属于出名的富豪，还有一些不出名的富豪，他们都和我们一样出身卑微，但就是凭借着自己不屈的奋斗精神，终于获得了成功。想一想我们自己，真的需要自强不息。

走出门就会有客户，在银行里发呆什么都不会来，业绩肯定与你的拜访量成正比。

如果你在银行，还有什么犹豫的，赶紧去做客户经理吧！